A arte
de liderar
pessoas

Dados Internacionais de Catalogação na Publicação (CIP)
(Câmara Brasileira do Livro, SP, Brasil)

Wolf, Notker
A arte de liderar pessoas / Notker Wolf , Enrica Rosanna com Leo G. Linder ; tradução de Márcia Neumann. – Petrópolis, RJ : Vozes, 2012.

Título original : Die Kunst, Menschen zu führen
ISBN 978-85-326-4400-8

1. Igreja – Administração 2. Igreja – Administração de pessoal 3. Liderança cristã I. Rosanna, Enrica. II. Linder, Leo G. III. Título.

12-06870 CDD-262.00684

Índices para catálogo sistemático:
1. Igreja : Liderança participativa : Administração : Cristianismo 262.00684
2. Liderança participativa : Igreja Administração : Cristianismo 262.00684

NOTKER WOLF
ENRICA ROSANNA
com Leo G. Linder

A arte de liderar pessoas

Tradução de Márcia Neumann

Nobilis
VOZES

Título original alemão: *Die Kunst, Menschen zu führen*

Direitos de publicação em língua portuguesa – Brasil:
2012, Editora Vozes Ltda.
Rua Frei Luís, 100
25689-900 Petrópolis, RJ
Internet: http://www.vozes.com.br
Brasil

Diretor editorial
Frei Antônio Moser

Editores
Aline dos Santos Carneiro
José Maria da Silva
Lídio Peretti
Marilac Loraine Oleniki

Secretário executivo
João Batista Kreuch

Editoração: Fernando Sergio Olivetti da Rocha
Projeto gráfico: Guilherme F. Silva
Capa: Érico Lebedenco

ISBN 978-85-326-4400-8 (edição brasileira)
ISBN 978-3-499-62256-4 (edição alemã)

Editado conforme o novo acordo ortográfico.

Este livro foi composto e impresso pela Editora Vozes Ltda.

Sumário

1

O eterno bom exemplo

Sobre a atualidade da Regra de São Bento

Abade primaz Notker Wolf

A tarefa que me esperava quando em 1977 fui eleito abade primaz da Abadia de Santa Otília não era nada simples. Não se tratava apenas de ter que cuidar deste mosteiro e de seus cento e oitenta monges. Ao mesmo tempo, agora sou também responsável por nossos conventos na África e na Ásia, na América do Norte e na América do Sul, porque Santa Otília é uma abadia missionária. Além disso, eu assumi minha função em uma época de transformações. Naquela ocasião a autoridade do abade nos mosteiros alemães (assim como em todos os mosteiros europeus em geral) era cada vez mais intensamente questionada. Até então em uma posição incontestável, os abades se viram repentinamente colocados em uma permanente prova de capacidade. Eles passaram a ter que explicar suas decisões, justificá-las, defendê-las, e perceberam que sua liderança não mais seria aceita sem comentários. Fora do Continente Europeu uma nova era também se iniciou para muitos mosteiros, porque naquela época nós passávamos por mosteiros heterogêneos, ou seja, nós nos adaptávamos à convivência em um mesmo mosteiro com irmãos ou irmãs europeus e irmãos ou irmãs nativos da região, o que principalmente na África não transcorreu sem dificuldades.

Por sua vez, a função de abade primaz me proporcionou preciosos anos de aprendizado na arte de liderar pessoas, pois em todo canto, seja no velho e familiar mosteiro bávaro em minha terra natal, seja em nossos conventos fora da Europa, agora não se tratava de outra coisa além de superar as sombras do passado, reviver o velho espírito beneditino de comunidade e encontrar novas formas de convivência e ações comuns liberais sem lesar o núcleo da autoridade do abade. Eu posso dizer que tive sorte naqueles anos, porque ao meu lado estavam dois grandes mestres. Um deles foi o fundador de nossa Ordem, São Bento de Núrsia, cuja regra me serviu de diretriz teórica para uma inteligente liderança de pessoas desde o primeiro dia. E o outro foi meu prior, que naquela época era o Padre Paulus, a quem eu agradeço numerosos exemplos de como uma liderança de pessoas inteligentes pode se revelar na prática. Neste meio-tempo, como abade primaz, sou responsável pela Ordem Beneditina como um todo, mas emprego a experiência destes dois mestres até hoje. Por este motivo gostaria de expor primeiro o que pude aprender com eles.

"O eterno bom exemplo está acabando lentamente comigo..." Este desabafo veio de meu antigo prior, e ele era, como muita coisa que dizia, não muito sincero. Isto porque Padre Paulus não precisava se esforçar regularmente para ser para mim – e também para outros – um exemplo. Ele era como ele era, não precisava demonstrar nada para ninguém; e eu desejaria que todos os meus irmãos fossem assim, como ele era, tão inabalavelmente sereno, tão seguramente depreciativo, tão impiedosamente franco (quando necessário) e tão leal. Porém, Padre Paulus era – infelizmente, ou graças a Deus – único. Um gigante em estatura, filho de um agricultor da região de Allgäu, filho de prefeito, dotado do inestimável dom de não levar exageradamente ninguém a sério e de contemplar a vida a partir da perspectiva de alguém, que leva a si mesmo menos a sério. Eu ainda o vejo em pé diante de mim durante a oração do coral, em minha velha Abadia de Santa Otília. Ainda há pouco aprofundado na leitura de um salmo, seu rosto de repente estampa um sorriso zombeteiro perfeitamente perceptível – com toda certeza provocado repentinamente pela lembrança tremeluzente de uma pessoa que se ufanara diante dele e que havia recebido uma de suas famosas descomposturas.

Nem tudo que o distinguia como prior fazia parte de sua estrutura mental primária. Ele começara cedo a trabalhar em si mesmo, e ainda quando estudante desenvolveu a ambição quase esportiva de incorporar a si tanta serenidade, que nada e ninguém conseguia mais aborrecê-lo. A decisão para isto teve sua origem em uma situação ocorrida no meio dos anos 20 do último século, no Seminário Missionário de Santa Otília, no qual ele teve um padre como professor, que não conseguia evitar falar mal do convento e de seus irmãos diante da classe. Naquela ocasião ele e dois de seus amigos juraram que eles jamais poderiam incorrer neste erro – colocaram um cofre porquinho em seus quartos e se comprometeram a jogar dentro dele uma moeda de dez centavos cada vez que tivessem um sentimento incontrolado de raiva ou indignação. "Depois de meio ano", contou-me mais tarde Prior Paulus, "nós havíamos nos controlado. A partir de então ninguém mais conseguiu nos enraivecer". Todos três entraram depois para um convento e durante toda a vida tanto um quanto os outros revelaram uma impressionante liberdade interior.

Quando eu já estava há muito tempo ocupando minha função de abade primaz em Santa Otília, meu prior visitou um de nossos mosteiros na África, e lá, durante o café da manhã com as irmãs alemãs, ele relatou a respeito de sua vitória sobre sua falta de controle. As irmãs disseram que elas também já teriam aprendido isto há muito tempo. Que nada mais poderia tirar sua serenidade, que nada as perturbaria. Então uma das irmãs gentilmente engraxou seus sapatos, porque ele já estava velho e enrijecido para esta tarefa. Minutos mais tarde meu prior tirou, suspirando, um dos sapatos de seu pé, examinou-o por todos os lados, furou com uma faca ao redor da sola e ergueu-se novamente. "Por favor, veja, irmã", disse ele com uma expressão angelical, "mas aqui embaixo de fato ainda há um pouco de sujeira..." Aqui os leitores deveriam ter visto a reação das irmãs. Todas elas ficaram com raiva ao mesmo tempo. E meu velho prior? Ele sorriu ironicamente.

Nem todos entendiam seu jeito de ser. E nenhum dos quatro abades, que meu velho prior teve como superiores durante os quase quarenta anos em que serviu ao convento, soube lidar com ele. Nada podia abalar a ele mesmo, mas com sua firmeza ele abalou outros, e alguns percebiam sua franqueza como ameaçadora. O antecessor de meu antecessor em Santa Otília chegou a destituí-lo de sua função de prior, porém logo teve de retroceder desta decisão, porque houve uma rebelião no mosteiro. Somente diante da morte os dois conversaram sobre esse episódio. O abade primaz, marcado pelo câncer, chamou-o ao seu leito e confessou: "Padre prior, agora eu finalmente acredito que o reverendo não ambicionava a minha função". Não, com certeza nem sempre foi fácil ser um abade primaz à sombra de Prior Paulus.

No entanto, ele nunca teve a ambição de se tornar um abade. Recusou de forma curta e conclusiva a oferta de um outro mosteiro de o eleger abade com as palavras: "Eu jamais levarei uma mitra sobre minha cabeça". Ele teria medo da responsabilidade? Pouco provável. Como prior ele tinha a ocupação ideal, era o perfeito segundo homem. Porém, ele evitava o brilho ofuscante da berlinda e as concessões à momice devota que a função de abade teria exigido dele. Ele se sentia mais livre na segunda fileira. Como abade ele teria de considerar muito mais a representação pessoal hierárquica do que seu desprezo pela crença na autoridade e nos símbolos de *status* permitia conciliar. Este homem podia chegar ao sarcasmo em sua aversão contra tudo que o poder se adorna, e eu confesso que, com o tempo, sua atitude se internalizou em meu ser. Alguns de seus comentários tornaram-se, para mim, verdadeiras palavras pastorais. E todas as vezes em que entro no Vaticano lembro-me de sua sentença: "O senhor sabe, padre abade, qual foi o dia mais negro da história da humanidade? O dia em que os bispos, pela primeira vez, utilizaram as insígnias (ou seja, todos os símbolos de autoridade, como a mitra, a cruz e o bastão episcopal)". Então o homem gigantesco respirou fundo e prosseguiu em um tom de voz ainda mais alto: "Porém, muito mais, mas ainda muito mais negro foi o dia em que os abades imitaram os bispos!"

A "sempre boa" imagem exemplar de meu prior teve em todo caso um grande efeito educativo sobre mim. O que eu aprendi com ele? Que a gente, com humor e autoironia, chega muito mais longe, e não faz diferença se a gente como abade dirige cento e oitenta monges ou se, como abade primaz, é responsável por vinte e cinco mil monges e freiras em todo o mundo. Que a gente com sinceridade chega ainda muito mais longe. E que a gente inesperadamente vai mais longe, quando a gente não se deixa impressionar pela púrpura do cardeal, pelo título de presidente, pelo carro da firma e vagas para estacionar reservadas bem próximas à saída da garagem. Com outras palavras: Prior Paulus me demonstrou como a autoridade poderia e deveria ser. Ele me abriu os olhos para o efeito saudável da autoridade, quando a gente quebra a casca da conduta autoritária e que isto revela o que a autoridade significa em sua essência: responsabilidade, cuidado e serviço. Livre desta casca a autoridade mostra sua força libertadora do espírito e da alma.

Visto desta maneira, Prior Paulus foi acima de tudo um cristão exemplar. Pois é exatamente isto que Jesus Cristo deseja, e que o cristianismo deveria também continuar a realizar, ou seja: questionar todos os falsos valores, destruir toda falsa pompa, desmascarar toda autoridade pretensiosa como fútil e vazia. Mas, além disso, ele também foi uma personalidade de liderança que seguia os preceitos do fundador de nossa Ordem, São Bento de Núrsia. Quando a gente estuda a regra, que por assim dizer, como um conjunto de leis, foi dada por Bento aos seus mosteiros através dos séculos, então a gente esbarra em toda parte com aquelas ideias de autoridade, que meu prior personificava para nós – só que Bento encontrou para elas formulações mais sérias do que a que estávamos acostumados a ouvir do Prior Paulus.

Para Bento a autoridade só é justa e boa quando o poder da função se une à preocupação com cada um dos indivíduos, quando ela se associa ao respeito pela individualidade, pela capacidade diferenciada de cada um e pela particularidade das necessidades pessoais. Portanto, quando Bento dota o abade com atribuições generalizadas, não é apenas porque alguém tem que ter a última palavra, mas sim porque ele entende a autoridade como uma instância que auxilia a ir além, que apoia, que encoraja e previne, e que a todo tempo tem em vista o desenvolvimento e o bem-estar de cada um que lhe é confiado. A finalidade de uma autoridade verdadeira é, portanto, sempre ajudar as pessoas a adquirirem uma maior autonomia e com a compreensão mais abrangente do que existe na área de suas possibilidades. Em outras palavras: auxiliar as pessoas a alcançar a liberdade.

É assim que eu compreendo Bento. Por este motivo sua regra me parece humanitária e inteligente. Mas ela ainda é atual? Ela foi escrita há meio milênio, em uma época de colapso, quando a Antiguidade chegava ao fim junto com o Império Romano Ocidental. Será possível que a gente ainda possa nos dias de hoje extrair dela inspirações decisivas para a arte de liderar pessoas?

Vejamos a Regra de São Bento um pouco mais de perto. Na verdade, ela regula surpreendentemente muito pouco – trata principalmente de coisas práticas, como o decorrer do dia da comunidade, a maneira de lidar com a propriedade do mosteiro, a sequência dos salmos na hora da prece. Mas as reflexões de Bento sempre giram em torno das perguntas: O que qualifica uma pessoa a liderar outras? Como ela pode realizar sua tarefa, quanta consideração ter, quanta tolerância exercitar, com quanta austeridade agir? E de que maneira pode exercer sua autoridade, de modo que no monastério surja uma atmosfera em que as pessoas possam se desenvolver com liberdade? Em resumo, para Bento o mais importante é formular em sua regra exigências imprescindíveis à personalidade do líder e estabelecer padrões para uma liderança objetiva e humana. E a validade destes padrões é em minha opinião atemporal, também porque eles estão enraizados na imagem bíblica do homem, na antropologia cristã.

Para mim não existe uma imagem do homem que seja mais realista. Nenhuma que descreva a condição humana de maneira mais apropriada. Por quê? Porque a antropologia cristã compreende o homem em sua contradição fundamental. Por um lado o homem é visto como criação e imagem de Deus, por isso dotado de dignidade, de dignidade humana, e por isso intocável, sagrado. Por outro, como um ser fraco, passível de erros e corruptível, em suma, como um pecador. Esta visão do homem tem consequências práticas quanto à maneira de lidar com as pessoas, porque para mim a crença cristã me fornece um fundamento ideal para o respeito mútuo e ao mesmo tempo uma constante motivação para demonstrar sempre este respeito. Reparar na dignidade humana de uns e ignorar a de outros já não depende mais de minha vontade. O respeito se transformou em uma máxima válida e imutável de minha conduta, mesmo diante dos representantes antipáticos de nossa espécie, como, por exemplo, o guarda de fronteira que me atendeu em minha última viagem à Coreia do Norte, que não foi nada amável. Ele nem mesmo foi educado. Eu teria tido todos os motivos para me aborrecer com suas reivindicações – e não fiz isto porque ao mesmo tempo um pensamento passou pela minha mente: este homem também foi criado por Deus e é amado por Ele da mesma forma que você. Isto ajuda.

Mas também precisamos saber que nunca lidamos com protótipos. Existem pessoas fortes e fracas, e todos nós estamos sujeitos à inveja, ao ressentimento, à astúcia ou até mesmo à infâmia. Este conhecimento nos protege contra decepções. Ele nos torna tolerantes, mas também atentos e perspicazes para a individualidade do homem e das situações. Portanto, este conhecimento não significa nenhuma credulidade, ingenuidade e bondade, mas antes um desafio para levar em conta a debilidade do homem sem condená-lo por isto.

Este realismo cristão permeia aquela regra que orienta a vida de nossos monges e freiras desde o começo de nossa Ordem. Por isto, esta regra não submete a comunidade a leis rígidas para combater o mal, mas sim lhe indica a direção por meio de princípios. Com isto o abade tem o papel daquele que emprega a regra em um caso concreto, na pessoa real, e, se for o caso, modifica-a e adapta. Bento não procura colocar as pessoas na linha por meio de diretrizes meticulosas e estritas. Ele sabe muito bem que cada homem é único, mas que nenhum homem é perfeito e que, por isto, todo método conclusivo, toda técnica de liderança de pessoas racionalizada não pode ser bem-sucedida. Bento não possui nenhum programa. Ele confere maior significado às qualidades pessoais daqueles que possuem a função de dirigir. Estes não podem retroceder às regras quando a situação se torna crítica, nem se esconder detrás de seus preceitos; eles precisam se questionar constantemente sobre a qualificação para sua função, lembrar-se todo o tempo de sua responsabilidade e se deixarem medir constantemente segundo os padrões que Bento estabeleceu. E tudo isto com o objetivo, no pensamento, de encontrar a medida certa para o discurso e a ação. Pois é disso que se trata em primeiro lugar.

De líderes comedidos, que atuem com moderação, que possuam discernimento e que sejam eles próprios imparciais com seus padrões. Porque somente assim eles poderão conseguir harmonizar a regra e a vida real.

Dito com outras palavras, a Regra de São Bento é o manuscrito de um homem que está convencido do significado da liberdade e do valor do indivíduo. Isto faz dela eterna não apenas aos meus olhos. Em conversas junto à lareira ou em palestras continuo a registrar, de maneira divertida, a perplexidade de políticos e de representantes da economia quando uma das citações de Bento parece ter sido cunhada exatamente para o problema discutido ou para a situação atual. A propósito, nós beneditinos não poderíamos olhar para um passado de quase 1.500 anos de sucesso se, diante de todas as situações e condições, esta regra não tivesse sido preservada. Um monastério beneditino é quase impossível de ser exterminado, a não ser por meio de forças externas. E hoje se mostra que nem mesmo a globalização pode fazer algo contra a validade desta regra; em nossos conventos asiáticos, africanos e americanos descobrimos, diariamente, que a regra tolera a autocompreensão das mais diferentes culturas.

Neste livro eu espero me inspirar em alguma coisa de Bento – muito embora para mim pouco importa o superior genial, o professor perfeito, os pais perfeitos, da mesma forma que Bento não tentou fazer de seu mosteiro um centro de formação para cristãos ideais. Ninguém é perfeito. Eu também não. Delegar, por exemplo... Delegar não é verdadeiramente o meu ponto forte. Eu deixo ao encargo de meu secretário, Padre Henry, a organização do próximo congresso de abades, mas cuido sozinho de toda a correspondência. Talvez por isto eu jamais consiga concluir o trabalho. (Ajudo-me a mim mesmo concluindo tudo imediatamente, logo – e o resto a qualquer momento.) Não, a gente não deve exorcizar o demônio da imperfeição humana com o belzebu do perfeccionismo. Aliás, a gente pode viver muito bem com muitas fraquezas, e nem mesmo a vaidade, da qual meu velho prior zombava com tanto prazer, pode impedir alguém de ser um bom chefe. Eu conheci um diretor-presidente que constantemente passava a mão carinhosamente em sua coroa de louros imaginária. Ele sempre deixava transparecer em observações à parte o que a empresa e a humanidade tinham a lhe agradecer. Apesar disso, seu desempenho era de fato reconhecido, e o homem mesmo era muito simpático – enquanto que a modéstia não fez de seu sucessor uma pessoa mais humana.

Contudo, apenas especialização e perícia ainda não são suficientes para qualificar uma posição de liderança. Aonde quer que em um empreendimento trate com pessoas, a gerência tem de se tornar liderança. Não podemos gerenciar pessoas. No momento em que os superiores tratam de situações de liderança como questões financeiras ou de produção, eles se transformam em agentes de escrivaninha, e mesmo o melhor matemático pode se tornar, como professor, uma tortura para seus alunos. É claro que sei que ninguém é contratado para se sentir bem em seu local de trabalho, mas sim para fornecer sua participação no trabalho e no lucro. Mas, em minha opinião, não podemos separar estes dois aspectos um do outro. O trabalho precisa ser humano. Um empreendimento totalmente orientado para o lucro destrói o clima do trabalho, corrói a motivação dos empregados e diminui seu desempenho. Em oposição a isto, a verdadeira humanidade compensa em longo prazo; uma cultura de empreendimento humanitária tem, portanto, que ser de interesse de toda direção empresarial. No entanto, aqui se coloca uma questão: A arte de liderar pessoas é afinal possível de ser aprendida?

Eu não acredito. No mínimo as qualidades de liderança não se deixam assimilar em seminários de forma sistemática como uma matéria de conhecimento qualquer, e os déficits de personalidade também não se deixam encobrir por meio de gestos estudados. Não existe qualquer método, truque ou jeito que possa fazer um mau líder tornar-se um líder melhor, e todo subordinado desmascara logo um superior que, após um seminário sobre liderança, de repente dá a impressão de que ouviria concentrado o que lhe é dito. É claro que o domínio de certas técnicas pode ser proveitoso, como, por exemplo, na área de direção do tempo ou no caso de estratégias de conversa. No entanto, isto tem pouca utilidade quando certas qualidades como sinceridade e perseverança não são trazidas de casa, e capacidades espirituais como serenidade não são agregadas com o tempo e com a experiência. A propósito – isto também é verdade: qualquer um pode fazer mau uso de seu carisma, qualquer um pode voltar sua autoridade contra funcionários ou alunos, por isto cada um tem que ter uma ideia clara sobre sua responsabilidade e saber bem exatamente que objetivos ele, como líder, tem de perseguir. Portanto, não é prejudicial abrir os olhos de pessoas com qualidades de liderança sobre o que é importante – e com isto prestar-lhes o mesmo serviço que meu velho prior nos prestou em sua época. É assim que Irmã Rosanna e eu entendemos a tarefa, que aceitamos com este livro – no qual na primeira parte queremos enfocar o tema principal sobre empresas e política, e na segunda parte mais sobre escolas e educação. Foi nosso desejo que desta maneira surgisse um livro de duas vozes, de duas perspectivas, um livro no qual minha experiência como beneditino e as experiências de Irmã Rosanna como salesiana e vice-secretária da Congregação Religiosa no Vaticano se completassem mutuamente.

A propósito, como abade primaz também tive que aprender a me distanciar aos poucos de Prior Paulus. Nós continuamos a gostar um do outro, mas ele também tem seus limites e, com o aumento da idade, ele resiste cada vez mais às mudanças. "Padre abade primaz", ele disse então, "agora não faça tantas mudanças, isto traz intranquilidade para o convento". – "Padre prior", foi então minha resposta, "se nós não mudarmos nada agora, aí mesmo é que haverá intranquilidade aqui dentro". Considerando bem, estas experiências falam a seu favor – simplesmente porque eu pude me libertar dele como homem, sem que seu "eterno bom exemplo" sofresse prejuízo. E talvez meu velho prior tenha fornecido o mais convincente exemplo de autoridade verdadeira.

2
As seduções do poder
A personalidade decide

Abade primaz Notker Wolf

"Nas grandes firmas talvez existam cinco ou seis pessoas que determinam intensamente tua vida. E se depender das circunstâncias estas pessoas podem tomar de ti toda centelha de criatividade e alegria de viver. Conheço chefes que não têm nenhuma visão, pessoas que não têm nada a dizer, sem qualquer paixão por seu trabalho, sendo importante para elas "aparecer". Apesar disso sou alguém – mesmo que em minha profissão eu na verdade não seja ninguém. Essas pessoas têm apenas suas carreiras em mente, querem de preferência ganhar muito dinheiro e se sentirem importantes. Elas adoram mostrar para os outros que eles estão totalmente em suas mãos. Elas agem segundo o lema: "Não pense que você é alguém especial". E essas pessoas de fato conseguem inferiorizar as pessoas capazes ou pelo menos fazê-las duvidar de sua capacidade".

Reproduzo esta queixa sobre chefes incompetentes da mesma forma que a ouvi do redator de uma emissora de rádio alemã. Esta talvez não seja uma queixa típica, mas ela trata de erros característicos na maneira de lidar com funcionários e subordinados, e denomina as consequências na forma mais concisa. Estas consequências não precisam de nenhuma explicação – qualquer um já deve ter vivenciado o efeito prejudicial de uma má liderança sobre a satisfação com o trabalho e também sobre os resultados deste trabalho, mesmo que tenha sido, por exemplo, em sua época escolar, com um professor fraco. Porém, as causas de uma liderança ruim merecem ser analisadas.

O grande e sempre presente perigo é sem dúvida sucumbir à tentação do poder. Ninguém está totalmente protegido contra isso. Em seu sentido despótico o poder é de fato mais valorizado por aqueles que não podem por si mesmos realizar nada significativo. Que se sentem pequenos, insuportavelmente pequenos, e precisam exercer o poder para compensar as próprias deficiências. Seu sentimento de grandeza se enraíza em um complexo de inferioridade, ou, digamos: no conhecimento inquietante de não serem fortes o bastante, como teriam de ser em função de sua posição. O melhor exemplo para isto é o frio carreirista, o típico carreirista que nunca dispõe da competência necessária, mas sempre possui as melhores relações, e que com vinte e cinco anos teria jurado: "Aos quarenta eu quero estar bem lá no alto", e com quarenta de fato está no auge.

O que significa o poder para esse tipo de pessoas? Em todo caso um alívio enorme, eu suponho. Pois a sua posição na hierarquia as liberta da eterna preocupação de não serem vistas. E este é o seu problema. O ambicioso sem escrúpulos é somente a variação de um tipo humano, que eu ocasionalmente também encontro em minha área de atuação. Insatisfeito com ele mesmo, sofre de uma necessidade de reconhecimento quase doentia. Amedrontado, ele só pensa em si mesmo. Se lhe batemos sobre o ombro direito, ele ainda oferece o esquerdo. Sua fome insaciável por respeito vai tão longe, que sua autoestima se eleva somente porque algum dia ele se sentou próximo a esta ou aquela personalidade ilustre, e possivelmente tenha trocado algumas palavras com ela. Vejo várias vezes uma pessoa procurar conversa comigo somente para que uma centelha de meu "brilho" caia sobre ela e, por fim, ela possa se dar mais valor! Quando estas pessoas ascendem, o poder lhes oferece uma saída oportuna de sua dependência do aplauso dos outros. E, de um momento para o outro, acham totalmente suportável não serem estimados. Sim, elas apreciam não ter mais de levar em consideração a sua popularidade. Elas comprovam seu poder a si mesmas ao deixarem que a maioria das pessoas perceba: Eu agora não dou mais o mínimo valor ao seu reconhecimento. E o seu desprezo não me incomoda mais.

O que a gente poderia aconselhar a estas pessoas? Absolutamente nada, eu receio. Para seus fins, é suficiente dividir o quadro de pessoal de forma apurada em amigos e inimigos e, segundo todas as regras desta arte, colocar os inimigos uns contra os outros – e de fato ver seus amigos apenas como meros idiotas úteis. Estas pessoas sempre vão se colocar em primeiro plano, vão manobrar e cada vez mais servir à sua própria vaidade como se fosse uma causa comum. Provavelmente estas pessoas apaixonadas pelo poder só voltam a si no momento em que acontece aquilo que elas mais temem: a perda do poder. Seu sentimento de autoestima, até mesmo toda a sua identidade, depende de sua posição de poder – e somente quando perdem suas batalhas elas talvez percebam o quanto a felicidade que perseguem é vazia, o quanto elas mesmas são vazias. Ou então se rebelam e se tornam violentas.

É claro que nós precisamos distinguir entre carreira e carreirismo. Este significa pisar sobre outros para subir mais alto, ou pelo mesmo motivo ser obediente como um cãozinho, abaixar a cabeça e encolher a cauda. Por sua vez, fazer carreira não é a princípio nem bom, nem mau. E sem dúvida: aquele que quer realizar e construir alguma coisa em conjunto, quem exige tarefas novas e atrativas, este tem de subir e deve subir. Também é libertador e satisfatório poder ir além das limitações e superar os obstáculos que até então tenham impedido o desenvolvimento. Também não esqueçamos de que o próprio sentimento de autoestima corre perigo quando a promoção se faz esperar. Pois inevitavelmente nos perguntamos: O que eu fiz de errado? Ou será que há alguém me impedindo? Em todo caso, são poucos os que querem abrir mão daquilo que um salto na carreira significa para eles, e eu mesmo conheci monges que achavam que deveriam se tornar abades. Isto é humano, mesmo que não seja beneditino. Aliás, não deveríamos criar qualquer ilusão a respeito do estímulo que a ambição e a vaidade representam. Os dois são um motivo muito forte para desempenhos excepcionais.

De fato, somente as naturezas fracas sucumbem às tentações do poder. O perigo de se engrandecer é enorme, mesmo para as pessoas boas. Pois podemos nos acostumar a ser cortejados, e ser idolatrado é um sentimento glorioso. Então nos tornamos arrogantes, a "coroa de louros" imaginária toma forma, e aos poucos, mas certamente, simpatizamos com a ideia de termos conseguido tudo por nós mesmos. Qualquer sucesso é agora creditado à própria conta. A partir de então o convencimento e a vaidade parecem motivo para um orgulho legítimo, e por fim você não tem mais nenhuma dúvida: pode fazer tudo melhor, e você sabe melhor de tudo. Em complemento, do meio exterior por meio de bajuladores e aplaudidores, que procuram sugerir o tempo todo que ninguém faz nada tão grandioso, somos verdadeiramente empurrados para o autoengrandecimento. Mas é assim: quem ocupa uma posição de liderança e desempenha bem sua função quase não pode se defender de ser elogiado de forma exagerada. Talvez também não queira se defender contra isto. Lembro-me das reuniões de gabinete de um antigo governo regional alemão que começava inevitavelmente com homenagens, verdadeiras sessões de veneração – o que certamente não é nenhum caso isolado.

Quando o sentimento de autoengrandecimento é destruído, pode provocar efeitos catastróficos. Um deles é a perda do sentido da realidade. Quando os outros acham que somos excepcionais, então não temos realmente mais nenhuma razão para não nos acharmos que somos também, e logo a gente começa a considerar qualquer crítica como fundamentalmente despropositada ou como obra de um indivíduo malicioso. De repente a avaliação da situação sem maquiagem também cai sob a crítica inconveniente, e assim o engrandecido perde gradativamente o contato com a realidade. Ele já não faz nenhuma ideia sobre o que acontece, pois o engrandecimento isola, e os isolados sucumbem facilmente à suspeita. Como eles só escutam o que querem escutar, dependem de espiões e informantes para descobrir o que se fala sobre eles e o que realmente acontece. Desta maneira eles destroem em seus empregados o último resto de confiança e se isolam ainda mais. Eu sempre tenho diante de meus olhos este vigoroso diretor-presidente alemão, a quem ninguém mais se atreve a dizer a pura verdade porque não querem ser repreendidos e todos têm medo de serem destituídos de seus cargos. Estes chefes se submetem apenas às geniais inspirações individuais, que não raro apresentam como resultado, a perda de milhões ou bilhões em função da falta de visão da realidade.

Em outros tempos, em casos como estes um bobo da corte teria ajudado. Desde que esta figura saiu de moda, espera-se das pessoas em altas posições que elas possam suportar críticas e palavras sinceras, não importa quem as diga. Para que, com isto, ninguém que as apresente "se sinta como palhaço". Neste contexto me vem à lembrança uma passagem da regra de nossa Ordem. No capítulo 61 Bento fala sobre a hospitalidade e a hospedagem de monges de fora do mosteiro. Quando um destes viajantes distantes, diz ele primeiro, não coloca nenhuma exigência despropositada, ele pode permanecer no mosteiro o tempo que desejar. E depois continua: "Se ele, com humildade e por amor, exteriorizar uma crítica arrazoada ou chamar a atenção para alguma coisa, então o abade deve ponderar se o Senhor talvez não o tenha enviado exatamente por isto". Isto é sensato. Bento sabe que a gente facilmente pode deixar de enxergar em função da rotina. E por isso ele diz: Pense duas vezes, meu querido abade, se o homem não poderia ter razão. Esta crítica de um estranho pode ser constrangedora, mas não cometa a insensatez de não ouvi-la deliberadamente. Sabem de uma coisa? Eu bem poderia imaginar esta frase da Regra de Bento como um ornamento de parede no andar da chefia.

Aquele que dissipa a confiança de seus empregados por meio do autoengrandecimento não serve de qualquer modo para líder – simplesmente porque com ele é impossível realizar um trabalho em cooperação que tenha êxito. Mas também existem outras formas de apresentação da embriaguez do poder. Uma delas é a cobiça, que induz os executivos a doarem-se mutuamente salários astronômicos e indenizações gigantescas. Eu não quero economizar com os executivos, eles devem ganhar bem. Porém, seus salários já incluem uma considerável bonificação de risco – então o que ainda poderia justificar indenizações no valor de milhões? Não, aqui é embolsado o dobro, o triplo e até mesmo o quádruplo. Quem se apropria desta forma vergonhosa é desmedido, e por isso não possui aquela que Bento considera a mais decisiva das virtudes de uma personalidade de liderança: o comedimento. Em todo caso é possível que estes executivos desempenhem um bom trabalho. Entretanto, não servem para liderar, porque eles falham de forma medíocre como exemplo e com isto agem sem responsabilidade.

E, finalmente, a última tentação do poder: o acentuado corporativismo de muitos executivos. Corporativismo como é expresso nos símbolos de *status* fartamente conhecidos e em todos os outros esforços de se envolver em uma aura soberana ou de acentuar sua autoridade ao manter uma distância amplamente visível de seus subalternos. Deixe-me dizer de maneira bem franca: os símbolos de *status* cumprem apenas a finalidade de adular seus possuidores. Eles não são mais do que arcabouços, nos quais os homens, que em seu mais profundo interior temem por sua autoridade, agarram-se.

Um caso excepcionalmente absurdo de corporativismo foi o do exarca ortodoxo, que uma vez há alguns anos estudou em nosso mosteiro. A gente o reconhecia em seu alto ornamento para a cabeça e em seu andar cheio de dignidade. Logo no início ele saiu-se mal no exame – e ficou horrorizado. Em sua opinião, como dignitário ortodoxo ele deveria ter melhores notas. Ele interiorizou sua autoridade funcional de tal forma, que como estudante apresentou a mesma reivindicação que acreditava ter como uma pessoa em sua função – por isto uma avaliação brilhante era para ele algo natural determinado pelo seu *status*. Sempre me lembro deste exarca quando ouço ocasionalmente a respeito da briga interna por carros de serviço e tamanho de escritórios e antessala e secretárias. "No que diz respeito aos símbolos de *status*", disse-me alguém que sabe do que fala, "a infantilidade nas empresas acaba somente aos sessenta e cinco". Uma frase que o meu velho prior poderia ter dito.

Não é que eu ache que os símbolos sejam basicamente supérfluos. É quase impossível, por exemplo, comunicar-se com uma grande massa humana de outra maneira que não seja por meio de gestos simbólicos. O Papa Bento XVI demonstrou isto em sua viagem à Turquia, quando pegou a bandeira turca e a agitou diante de todos os olhos – um gesto simbólico bastante efetivo para o público. Eu também acho adequados aqueles símbolos, que alertam contra as tentações do poder – como aquelas três pilhas de feno na Praça de São Pedro, pelos quais em tempos anteriores um papa recém-eleito tinha que passar a caminho de sua coroação na Catedral de São Pedro. Eles eram símbolos da efemeridade com uma mensagem clara: Permaneça com os pés no chão, não se deixe cegar por toda a pompa, não esqueça que você divide o mesmo destino com todos os homens de algum dia decompor-se em poeira e cinza. Porém, de modo algum os símbolos devem servir no velho e dominante estilo à autorrepresentação do poder e ao aprofundamento do abismo entre superiores e subalternos. Aqui a gente chega ao grande erro que todos aqueles que sucumbem à tentação do poder cometem: Eles se sentem fortalecidos em sua autoridade ao tomar distância dos outros. O contrário seria certo: procurar a proximidade dos outros e afastar-se de si mesmo. Pois este é o segredo da autoridade verdadeira.

Isto pode surpreender a muitos, mas eu estou convencido: Quem não pode deixar de ver a si mesmo, quem – como foi descrito acima – se consome por reconhecimento e sucesso, é inseguro, e insegurança torna cego para aquilo que uma tarefa exige, e leva fatalmente a avaliações erradas a respeito das pessoas e das situações. Portanto, a autoridade e a ação de um líder dependem essencialmente do quanto ele se tornou livre de si mesmo. Ou seja, ele não pode temer pelo seu resplendor. Sua própria pessoa não deve ter mais importância. Ele tem de aprender a tomar distância de si mesmo. Somente aquele que supera a si mesmo alcança a autonomia interior. E é esta que possibilita a alguém avaliar corretamente pessoas e comportamentos, utilizar objetivamente suas forças, encontrar a paciência necessária onde quer que seja, e também comprovar perseverança. Assim só poderíamos desenvolver nossas qualidades de liderança quando estivéssemos preparados para aceitar-nos o máximo possível. Com outras palavras: a partir das vivências da liberdade interior.

Este conhecimento não é novo. A descoberta de que aquele que procura a si mesmo acaba por se autodestruir porque, quanto mais ele se concentra na própria pessoa, o resultado é um ser mais vazio e mais pobre, já se revela na Bíblia. Por este motivo São Bento dá à humildade um valor muito grande em sua regra – aqui a humildade não deve ser entendida como submissão, mas sim como distância de si mesmo. Esta humildade figura entre os paradoxos admiráveis da vida, pois, em vez de fazer do homem um ser fraco, ela o faz forte, porque liberta da própria supervalorização, da dominação do poder e da obsessão pelo sucesso. Jesus resume este paradoxo em duas frases, quando diz: "Aquele que procura a si mesmo se perderá. Porém, aquele que se perde por mim se encontrará". Para nós isto significa que, se nós nos importamos com a autoridade verdadeira em vez de darmos importância ao exercício do poder despótico, temos de parar de nos preocupar com o significado de nossa pessoa.

Esta liberdade interior nos torna resistentes contra a droga que se chama poder. E somente agora, sob esta condição, a autoridade pode se colocar de maneira plenamente responsável, ou seja, em proveito daqueles que nós lideramos. Por este motivo a questão decisiva em relação à arte de liderar pessoas é sempre a mesma. Como eu percebo minha autoridade? Eu a utilizo para a valorização ou para a depreciação de uma pessoa? Eu reconheço que uma pessoa desempenha bem sua tarefa e procuro incentivar suas forças? Ou eu penso em depreciá-la na primeira oportunidade que surgir? Disto não depende somente o clima no ambiente de trabalho, mas também o sucesso de todo chefe. Pois nenhum trabalhador, nenhum empregado se submete durante muito tempo sem resistência a uma dependência que ele percebe como tolhimento. Mas todos se deixam prontamente envolver em uma relação de dependência que lhes abre possibilidades de desenvolvimento, que de outra forma não teriam. A autoridade verdadeira cria em última análise um sentimento mútuo de responsabilidade – e consegue com isto a melhor condição para uma cooperação frutífera em todos os níveis.

Uma observação para o encerramento deste capítulo: No tempo de São Bento as coisas evidentemente não eram muito diferentes do que são hoje. Ele também deve ter tido suas dificuldades com certas pessoas. Em todo o caso, em nenhum outro ponto de sua regra Bento usa um tom tão seco e implacável como quando se refere à aceitação de padres na comunidade de seu mosteiro. Ele suspeitava que justamente os padres se julgassem melhores. Somente neles ele percebeu primeiro a arrogância e o egoísmo. Todas as vezes que leio no capítulo 62 de sua regra como ele lidava criticamente com os padres, tenho de sorrir. “Quando um padre pede para ser aceito no convento, a gente não deve consentir imediatamente”, ele adverte. “Se insistir em seu pedido, então ele precisa saber que a regra deve ser obedecida em toda sua severidade. Nada lhe será facilitado [...]” E então, alguns parágrafos adiante, ainda mais claramente: “Ele não se atreverá a nada e nunca agirá sem instrução do abade. Pois ele sabe que exatamente tem de submeter-se à disciplina da regra [...] Se ele se atrever a agir de outra maneira, não será mais considerado padre, mas sim insurreto". Aqui a gente não precisa ler nas entrelinhas para perceber que naquela época a humildade não pode ter sido um dos pontos fortes dos padres. E que também no sexto século do último milênio a presunção de um indivíduo era entendida como ameaça ao que hoje chamaríamos de espírito de grupo.

3
A gente tem que gostar das pessoas
Agir sem medo

Abade primaz Notker Wolf

O chefe de departamento de uma grande repartição europeia – contou-me uma de suas funcionárias – possuía uma mente estrategicamente astuta. Era calculista, frio e temido. "Ele sabia perfeitamente como deixar seus subalternos inseguros. Sua estratégia chamava-se imprevisibilidade, seu método disciplinar era a calculada mudança de humor", disse ela. "Se você anteontem gozava de sua benevolência, no dia seguinte era excluído, apenas para vinte e quatro horas mais tarde ser misericordiosamente aceito outra vez. Ele podia transmitir com um sorriso frio a sensação de que você fez tudo errado, simplesmente para fazer lembrar que você dependia de sua benevolência. Intimidar e depois voltar a confiar, agir como um bom pai e em seguida se comportar como um tirano ou um semideus enfurecido – era como se estivéssemos em uma eterna montanha-russa. Muitos de seus funcionários sofreram com isso. No entanto, todos sabiam claramente que são substituíveis, e que, em caso de dúvida, ninguém deveria esperar lealdade. E com este truque ele realmente tinha todos em suas mãos."

Sim, desta maneira também é possível chefiar um departamento – quando a gente pensa que chefiar um departamento significa tornar os subalternos submissos e a si próprio intocável. Mas chefiar pessoas, não. A gente não pode chefiar indivíduos desta forma, porque o ser humano precisa de liberdade – principalmente quando deve desempenhar um bom trabalho. É por isso também que em todo lugar, onde a eficiência e o desempenho são importantes, precisa-se de pessoas livres como empregados. Por este motivo, evitar a bajulação é uma das mais importantes tarefas de uma liderança humanitária.

Não há nenhuma necessidade do terror sutil de tiranos, que trabalham com truques psicológicos. Em todas as empresas existe o perigo de que todos concordem com tudo que venha do superior. No entanto, o crescimento de uma empresa depende muito da autoconsciência de seus empregados. E aqui todo chefe é requisitado. Sua tarefa é incentivar e manter a autoconfiança de seus subalternos, pois funcionários amedrontados não possuem nenhum valor para uma firma porque não são criativos – eles entram automaticamente na defensiva, e em vez de auxiliar na criação, acabam por bloqueá-la. Por isso um dos primeiros princípios de uma liderança inteligente é: Como chefes não temos que ser geniais, mas podemos criar uma atmosfera em que ninguém se torne bajulador. Um clima de trabalho humano. Um espaço livre do medo, no qual cada um pode fazer valer seu conhecimento sem precisar ter a preocupação de se tornar ridículo ou de ser repreendido. Como é que a gente consegue isso?

Para começar, eu penso que é preciso ter principalmente a disposição de perceber seus funcionários. No entanto, somente isto já coloca como condição primordial possuir autodisciplina suficiente, pois muitas vezes a gente percebe o outro no entusiasmo do próprio significado apenas sob um ângulo, classifica-o segundo a posição e a importância e passa rápido e sem atenção para os insignificantes. Primeiro é preciso ver, e para isso a gente precisa parar realmente, diariamente, a cada hora. E então, é claro, cumprimentar - mas não de passagem, não como um exercício da obrigação, não de um modo que o outro logo sinta: Aha!, o chefe me ignorou por hoje. E é melhor dizer uma palavra a mais do que a menos. Eu percebi mais uma vez o quanto as pessoas são gratas por isso durante uma viagem do papa, quando troquei algumas palavras com os cinegrafistas que aguardavam, e um deles me disse: "Vossa Reverendíssima pertence aos poucos que percebem que nós existimos".

Portanto, não dê a ninguém a sensação de não ser visto. No mosteiro eu sempre me concedo tempo para falar com os que se mostram abatidos, para perguntar: "O que incomoda você?" Muitos então ficam contentes por poder conversar. Eu sei que a gente, em uma empresa na qual cada um após o encerramento do trabalho vai para sua casa, não pode dar tanta atenção ao outro, mas mesmo lá consegue muito com amabilidade não deliberada, e muitas vezes um olhar e uma batida no ombro são suficientes. Nós devemos observar apenas que na área de relacionamento entre as pessoas jamais se deve almejar intencionalmente um efeito, pois assim que alguém percebe que deve ser mantido de bom humor por meio de gentilezas, este alguém se fechará. Todos nós somos alérgicos a tentativas grosseiras de condicionamento. Em outras palavras: Eu estou quase convencido... sim, eu estou convencido de que a gente tem que gostar muito das pessoas se quiser ser bem-sucedida na criação de uma atmosfera de trabalho descontraída e humana. Para esta atitude nós possuímos uma palavra fantástica: benevolência.

Com isto eu não penso em nenhuma bondade ingênua, mas sim em uma curiosidade sem restrições sobre o homem. A benevolência me leva a olhar com exatidão e a descobrir cada vez mais sobre a pessoa com a qual eu me relaciono. Sem a benevolência minha intuição também não serve para nada, porque então avalio as pessoas sob a lente de minha desconfiança e apenas me ocupo em não deixar de ouvir nenhum sinal de alarme. Mas a benevolência me abre os olhos para a pessoa como um todo, para tudo que é extraordinário nela, que é digno de incentivo e que está oculto. A benevolência me permite obter uma ideia realista de seu potencial de trabalho e de suas motivações e a perceber nela traços que talvez nem mesmo ela tenha percebido. Além disso, a benevolência me protege de presunções, de avaliações erradas e de ofensas não intencionais.

Esta benevolência também não tem nada a ver com indulgência. A gente pode possuir uma gentileza persistente e ao mesmo tempo não ser indulgente. Principalmente nas situações delicadas nós vivenciaremos que esta gentileza serena e inabalável possui alguma coisa de admirável.

Durante uma eleição para abade na África Oriental aconteceu que, na Assembleia Geral, um jovem monge se levantou, olhou para mim e em um tom forte fez a seguinte pergunta: "Afinal, o que vocês europeus têm para fazer hoje aqui?" Um vento gelado percorreu a sala nesse instante. Cabeças se abaixaram, ninguém falava mais. E eu pensei: Devo botar este ofensor para fora? Ou pelo menos repreendê-lo energicamente? Como abade primaz eu teria direito de fazer isto. Hesitei. Nesse momento meu olhar recaiu sobre um confrade alemão que vivia neste país há muito tempo. E uma situação do tempo em que estudamos juntos veio-me à mente. Naquela ocasião eu me exaltara fortemente a respeito de alguma hostilidade, e este mesmo confrade veio depois ao meu quarto para me dizer: "Notker, você hoje me decepcionou muito. Eu sempre te estimei tanto porque você nunca se deixava irritar. E agora..." Uma lembrança valiosa. Então eu realmente consegui não usar um tom áspero quando dei como resposta ao jovem monge: "Sabe, estou aqui hoje cumprindo minha obrigação, segundo nossos estatutos, e depois volto novamente para casa". Eu não disse nada mais além disso. Mas com isto a situação foi acalmada. A eleição prosseguiu sem outro transtorno. E depois os monges mais velhos vieram até mim, beijaram-me as mãos e se desculparam pela indelicadeza de seu confrade. Se eu o tivesse colocado para fora, a coisa teria terminado de outra forma. Porque possivelmente eu também teria colocado os velhos confrades contra mim. Assim eu os conquistei – e talvez também tenha conquistado o jovem monge irascível.

E o que ocorre se a gentileza exige demais ou é inadequada? Há muitos anos criei uma regra para mim mesmo: Todos, realmente todos, têm direito a uma resposta objetiva. Em todas as reuniões – seja outrora em Santa Otília, meu monastério natal, ou hoje em Santo Anselmo – sempre me esforcei em responder a todos tão objetivamente quanto possível. Se um assunto ou questão não pertencesse ao tema em discussão, eu sempre procurei esclarecer o porquê com paciência; se alguém chegasse com uma objeção que há muito já havia sido discutida, eu voltava ao tema com toda calma – mesmo que depois eu tivesse tido de ouvir críticas, porque eu, como representante dos outros no grupo, não me irritara. Mas eu sempre disse a mim mesmo: "Você não repreende ninguém. É melhor reagir também com serenidade à objeção mais idiota do que fazer com que as pessoas que possuem objeções inteligentes não tenham mais coragem de abrir a boca". De vez em quando, criar um espaço livre de medo exige de um superior muita paciência e grande autocontrole é preciso estar acima de si mesmo e poder observar a si próprio, mesmo quando o pulso se acelera e o coração bate mais alto e parece que você vai explodir de raiva. Este é o preço para uma atmosfera na qual todo empregado pode estar seguro de encontrar atenção para suas ideias. Em um clima assim o trabalho traz alegria, entusiasma – quem já não teria tido esta experiência? Comigo em todo caso, o mais tímido, assim como faz o mais extravagante, deve perder suas inibições de falar livremente em público aquilo que pensa – por isso mesmo aqueles que só querem provocar ou simplesmente se gabar recebem de mim uma implacável resposta objetiva.

Mas vamos dar mais um passo à frente. Não nos satisfaçamos em tratar nossos funcionários apenas com gentil atenção e paciência. Esforcemo-nos também em sermos justos com cada um deles ao levar em consideração a individualidade, suas maneiras bem pessoais de ser, suas capacidades e também suas fraquezas.

Bento via pela singularidade do indivíduo o grande desafio de um líder. O abade, ele escreve no segundo capítulo de sua regra, "tem de saber a tarefa difícil e trabalhosa que ele aceitou: Liderar pessoas e servir à peculiaridade de muitos. Ele tem de tratar a um com palavras conquistadoras, a outro com palavras de repreensão, e ainda a outros com palavras persuasivas. Ele tem de se adaptar a todos segundo a singularidade e a capacidade de compreensão de cada um e aceitá-los". Isto é exigir muito de um abade, isto é, como o próprio Bento diz, árduo. Por isso em sua regra ele trata repetidamente de detalhes concretos, encoraja os monges a externar desejos pessoais diante do celeireiro, ou seja, o ecônomo do convento, e lhes admite até mesmo o direito de protestar, no caso de uma tarefa lhes sobrecarregar. É sempre espantoso o valor que este homem do sexto século do último milênio atribui ao indivíduo. Cada um deve ser tratado como um caso único. E para isto o abade tem de conhecer muito bem seu pessoal.

Aquilo que se aplica ao abade, segundo minha opinião, também se aplica ao chefe. Conhecimento humano e empatia são condições indispensáveis – não somente para uma atmosfera de trabalho humanitária, mas também para o sucesso de uma empresa por excelência. Um chefe tem de poder avaliar: Em que ponto alguém tem um déficit? Em que ponto tem potenciais de desenvolvimento? E ele é confiável? No entanto se espera dele ainda mais do que saber sobre as fraquezas e as potencialidades de seus funcionários. Ele também é aquele que tem de saber como lidar com todas as esperanças, aspirações e amarguras, e com todas as ambições ocultas e reveladas de seus funcionários. Ele não pode ferir o orgulho de nenhum deles, não deve abalar seus princípios nem questioná-los como pessoas. Os funcionários têm que continuar a acreditar em si mesmos, mesmo que tenham cometido um erro, ou cinco erros. O chefe não pode provocar nenhum mecanismo de defesa – e por isto deveria conhecer o calcanhar de Aquiles de cada um. Um dos grandes problemas é que a gente sempre tem de lidar com pessoas que se sentem agredidas muito rapidamente. Que em qualquer oportunidade dada pressentem hostilidade e agradecidamente se colocam na direção da flecha, apenas para serem atingidas e poderem atirar de volta. Essas pessoas talvez sejam o oposto dos bajuladores, mas chamam a atenção como empregadas de uma empresa da mesma maneira. Logo, pessoas em uma posição de liderança necessitam de uma inacreditável perspicácia para perceber como o outro é, e antes de qualquer coisa evitar provocar mecanismos de defesa.

Voltarei mais tarde a este assunto em relação à superação de conflitos, mas aqui eu gostaria de, com um exemplo, deixar claro mais uma vez que a capacidade de se colocar no lugar do outro também é constantemente questionada em situações diárias. É comum acontecer que nós reajamos à lentidão de compreensão de um funcionário com exasperação e muito rapidamente comecemos a duvidar de sua inteligência. E pode realmente ser verdade que ele não seja absolutamente o mais esperto. Muitas vezes, porém, a gente simplesmente não vê o quanto nós mesmos estamos mais familiarizados com um procedimento do que ele. Aquilo que nos parece claro, porque nos ocupa constantemente ou porque nosso horizonte é totalmente diferente, é possivelmente para ele uma terra estranha, ou vai além de sua capacidade representativa. Por conseguinte, aqui também a paciência é adequada. Por isto não sejamos tão rápidos em suspeitar que o outro não tenha bastante massa encefálica. Partamos de preferência do princípio de que o outro devido à falta de informações está simplesmente sendo exigido demais, e tomemos parte de nosso tempo para lhe informar.

Perceber os empregados, considerá-los e tratá-los como indivíduos – com isto se ganha algo decisivo para um clima humano de trabalho. No entanto, segundo minha experiência, é preciso ainda acrescentar algo mais: o esforço sincero, para criar confiança. Eu estou convencido de que sem confiança mútua não é possível existir uma cooperação frutífera em qualquer lugar. É certo que alguém que não tenha outra coisa em mente a não ser demonstrar seu poder, que empurra seus subalternos para lá e para cá como peças de um tabuleiro de xadrez, pode abrir mão da confiança, pois para este a eficiência em particular não tem a menor importância, contanto que nenhuma sombra recaia sobre ele mesmo. Mas a autoridade depende da confiança, vive da confiança que é depositada em um chefe e da confiança que ele próprio está disposto a oferecer.

No espaço em que a confiança impera existe uma sólida e humanitária base de direito, sobre a qual todos os envolvidos se movimentam com a certeza de que o outro não lançará mão de cartas marcadas, de truques, de transgressão das regras, de dissimulação. Apenas um único indivíduo que possa transmitir esta certeza já é suficiente para melhorar decisivamente a atmosfera de um departamento inteiro. E não precisa nem mesmo temer que com sua sinceridade venha a fracassar. Em todo caso, tive a melhor das experiências ao me dirigir às pessoas com franqueza e sempre manter minhas "cartas" abertas sobre a mesa. É claro que no início nunca sabemos quem está diante de nós, mas isto nunca me incomodou. Eu raramente me decepcionei, mas com confiança pude fazer inacreditavelmente muito. Se eu tivesse sido mais cuidadoso, agisse com mais cautela, não teria sido tão fácil mobilizar pessoas, superar resistências e ganhar simpatia. E eu também jamais teria descoberto o quanto é realmente pequeno o número de pessoas que conscientemente abusam da confiança recebida. Quem semeia confiança colhe confiança na maioria dos casos. Porém, quem semeia desconfiança, colherá inevitavelmente a desconfiança.

Uma coisa, entretanto, não devemos fazer quando queremos ganhar confiança: recear pelo seu próprio nimbo e por isto representar o infalível. Pouca coisa consegue produzir rapidamente a confiança, pouca coisa contribui mais para o fortalecimento da própria posição do que mostrar bom-senso e admitir os erros. O que vou narrar agora aconteceu no início de meu mandato. Eu era um recém-eleito arcebispo da Arquidiocese de Santa Otília e logo no meu primeiro dia eu devia dirigir uma reunião de cúpula, mas ainda não estava familiarizado com as práticas e, além disso, vários confrades me conheciam apenas de nome, porque eu passara os anos anteriores em Roma. Um pouco antes de a reunião começar meu ecônomo veio até mim e disse que ainda haveria um assunto financeiro, que não estaria na ordem do dia... A gente vai incluir este assunto, eu decidi que isso deve ser resolvido de imediato. E foi aprovado. Porém, quando tudo terminou e eu deixei a sala da reunião de cúpula, percebi, de repente, que acabara de cometer um erro formal. Este assunto deveria ter sido discutido anteriormente no Conselho dos mais velhos, no pequeno grêmio deliberador, que antes recolhe os argumentos e dá um primeiro voto, para que a discussão na reunião de cúpula não demore uma eternidade. E, no mesmo instante, meu velho prior estava ao meu lado e disse-me: "Reverendíssimo, eu creio que hoje tenhamos feito uma bobagem..."

Eu sabia que esta gafe não havia sido de modo algum inofensiva. Os confrades reagem rapidamente irritados quando têm a impressão de que alguém quer surpreendê-los para fazer valer a sua própria vontade. Por este motivo eu utilizei a primeira oportunidade para esclarecer a coisa, e disse durante o jantar: "Meus queridos confrades, nós temos de discutir mais uma vez o assunto financeiro, porque primeiro este assunto tem que passar pela reunião do Conselho dos mais velhos. Eu hoje ignorei isto. Não fiquem zangados comigo, sou apenas um novato". E qual foi o resultado? Ressoaram risadas – e uma voz ao fundo: "Finalmente temos um superior que pode admitir erros". Com isto foi "quebrado o gelo". Agora eu também havia obtido a confiança daqueles que não me conheciam até então – e isto não ocorreu por causa de um desempenho excepcional, mas sim pela simples confissão de um erro. Agora todos sabiam: O novo abade não nos engana. E ainda compreenderam outra coisa: Que eles também poderiam cometer erros diante de mim. Disto, em todo caso, eles não precisavam mais temer. O fundamento para um espaço livre de medo havia sido lançado.

Agora já deve ter ficado claro o quanto depende da personalidade de um líder quando se trata de criar uma atmosfera de liberdade e de confiança. Quanto menos alguém se orientar pelas pretensões, mais fácil lhe será ganhar a confiança dos outros. Quanto mais cedo alguém conseguir se manter sensatamente em segundo plano, mais livres seus empregados se sentirão. Quanto melhor alguém controlar seus reflexos de defesa, mais compreensão dos outros conseguirá reunir. Enquanto a personalidade individual se assemelhar a um castelo de cartas, todas as energias fluirão para a autodefesa e se dissiparão. Por este motivo, quem quer apoiar os outros precisa conhecer exatamente uma pessoa: ele mesmo. Por esta razão nós, beneditinos, realizamos todos os anos um curso de formação para nossos próprios executivos. Neste curso se trata sempre e principalmente de autorreflexão, pois a atitude consigo mesmo é decisiva para uma boa liderança. O que os aplausos significam para mim? O quanto imparcial eu sou realmente? Eu sou maduro o bastante para ver os fatos como são e me expressar claramente? Cedo ou tarde esbarramos inevitavelmente com um dos problemas básicos da liderança humana: a tensão entre as próprias forças motivadoras e as exigências de sua missão.

É assim: Aquele que faz carreira deve seu sucesso em boa parte à sua ambição, sua perseverança e, não menos importante, à sua pretensão de estar na berlinda, ou pelo menos de atuar no palco principal; portanto, a uma nada insignificante dose de egocentrismo. Por outro lado, muitas vezes espera-se dele, como líder, que seja invisível na medida do possível, que se imponha uma grande moderação e ocasionalmente chegue à autoabnegação. Assim se alcança uma tensão entre a personalidade e a tarefa, que tem de ser suportada, que pode conduzir a um teste crucial ou em uma situação ideal, pode produzir uma pessoa, que consegue o equilíbrio entre a sutileza e a atuação enérgica, que sabe aquilo que ela quer, e apesar disto não tutela ninguém, que está consciente de sua responsabilidade e, apesar disso, por meio de seu carisma dá a entender aos outros: Não sou eu o centro das atenções, mas sim vocês. Portanto, alguém que se comporta da maneira que o filósofo Lao Tsé pensava:

> Quando o mestre governa,
> o povo quase não percebe que ele existe.
> O segundo melhor é um líder, a quem a gente ama.
> O próximo, alguém de quem a gente tem medo.
> O pior de todos é alguém a quem a gente despreza.
> O mestre não fala, ele age.
> Quando seu trabalho está concluído,
> o povo diz: "Inacreditável:
> Nós realizamos isto totalmente sozinhos".

4
Aquele que sabe, pode

Sobre liderança cooperativa

Abade primaz Notker Wolf

No início de meu mandato como arcebispo em Santa Otília, no fim dos anos de 1970, estimulei algumas mudanças e introduzi algumas novidades no mosteiro. Recordo-me que naquela ocasião eu disse a um confrade mais jovem: "Puxa, será que todas as boas ideias têm de vir de meu cérebro?" Então ele me olhou de viés e revidou: "Mas você sabe como é nossa estrutura beneditina: o abade ordena, e nós executamos. Tudo vem de cima". – "A partir de hoje não mais", eu lhe disse. "Não esqueça disto."

No entanto, eu tive de lhe dar razão. Durante séculos nossos abades de fato se sentiram como pequenos príncipes, puderam confiar na obediência cega de seus monges. Dentro dos muros do convento eles atuavam como se fossem os únicos senhores e no início dos anos da década de 1960 nossas abadias eram tidas como locais nos quais imperava uma disciplina monástica severa e rígida – quase não existia mais nada do espírito de humanitarismo, que antes em 1500 inspirara Bento para sua regra. Mas os mosteiros não são pequenas ilhas, e o clima comum da comunidade exerce mais intensamente uma influência sobre a vida monástica. Mas durante o decorrer dos anos de 1970 surgiu uma consciência retroativa e os abades voltaram a ser os pais espirituais de suas comunidades. A liderança de pessoas nos conventos tornou-se com isto muito mais difícil, ela exige hoje um modelo totalmente diferente de autoridade, e alguns abades capitulam diante deste fato. No entanto, com isto chegamos de novo muito mais perto da ideia de Bento sobre liderança, pois, quanto mais o fundador de nossa Ordem ressalta o valor da autoridade, menos ele dá valor às estruturas autoritárias.

Aquilo que hoje, em nossos tempos democráticos, ainda é muito difícil para alguns, parece ter sido para Bento muito simples: Não contestar o intelecto de seus semelhantes e confiar nas ideias úteis de qualquer outra pessoa. No terceiro capítulo de sua regra isto significa: "Sempre que existir alguma coisa importante a ser discutida no convento, o abade deve convocar toda a comunidade e explicar pessoalmente do que se trata. Ele deve ouvir o conselho dos confrades e depois consultar a si mesmo [...] Dissemos que todos devem ser chamados para deliberar, porque o Senhor muitas vezes revela a uma pessoa jovem o que é melhor". Uma pessoa jovem! E isto em uma época em que o prestígio de uma pessoa dependia de sua idade, em que fora do mosteiro as pessoas, quando jovens, não tinham muito a dizer!

A gente percebe que Bento sente contra a rotina e o cotidiano a mesma aversão que sente pela autocrática iniciativa independente de um superior. Por este motivo ele ainda vai mais longe e exige do abade, mesmo em situações de menor importância, que somente decida após entendimento com os confrades mais velhos. E para dissipar as últimas dúvidas sobre posição "antiautoritária", com seu jeito lacônico de se expressar, Bento convida a refletir: "Não faça nada sem conselho, porque assim não precisarás te arrepender depois do ato".

Tão excepcionalmente progressivo – ou a gente deveria dizer: Tão atemporalmente sensato? – Neste ponto, Bento pensa, e isto chama a atenção, quando a gente reflete, que para ele o abade não é menos do que o representante de Cristo no mosteiro. Mesmo assim, ele continua a ser para Bento um homem suscetível a erros, porque – mesmo com toda a sabedoria e experiência – a inspiração pode lhe faltar. O que diferencia o abade diante de todos os outros é a sua responsabilidade especial, mas não a sua relação especial com Deus, nem a grande indulgência ou inspiração. Segundo Bento, qualquer um pode possuir inspiração, do confrade mais simples ao representante de Cristo na figura do abade; o intelecto não se evapora em seu caminho de cima para baixo. Aquilo que em nossos dias ainda pode provocar ardentes debates teológicos, ou seja, a questão de se a ação do Espírito Santo é restringida pelo processo democrático, aparentemente não é um problema para Bento. Ele associa sumariamente os dois elementos um ao outro, a vocação excepcional ou a autoridade do abade e o direito de opinar de todos os monges.

Bem, a liderança coletiva era o meu objetivo. Eu não pretendia desistir de minha autoridade, mas queria fazer com que todos se sentissem responsáveis pelo bem-estar da comunidade. Eu aprendi muito desde então. Aprendi que todos, sem exceção, querem ser levados em consideração. Que temos de conversar a tempo com todo aquele a quem um assunto diz respeito, e não apenas para satisfazer o regulamento. Porque é inacreditável o quanto uma pessoa pode facilmente se sentir ignorada. E que aqueles que ocupam os escalões inferiores também têm acesso às informações, e não apenas os que se situam nos escalões superiores. É um caminho que deve ser trilhado com muito esforço, mas o único, se o mosteiro tiver de se transformar em um local que tenha vida, um lugar, em que as pessoas de fato possam realizar seus ideais.

Creio que minhas experiências no convento concordam com os conhecimentos gerais que há muito pertencem às boas lideranças: Que não se ganha nada quando o cavalo puxa vigorosamente a carroça e atrás dele o eixo se parte. Que, com outras palavras, deveríamos envolver todos os funcionários na responsabilidade e deixá-los participar tão logo um processo lhes diga respeito. Isto soa democrático, mas realmente não tem nada a ver com isto. Aqui não se trata de cogestão – que muitas vezes apenas conduz a disputas implacáveis –, mas sim de cocriação. Trata-se aqui de esgotar o enorme potencial de experiência profissional, fantasia e criatividade que toda equipe, todo grupo de trabalho apresenta. Por isto, para mim, um outro princípio da liderança inteligente é mostrar que, como chefe, a gente não pode ser individualista. É necessário fazer o possível para integrar os empregados e mantê-los, primeiramente, atualizados sobre todos os processos e desenvolvimentos, e em seguida permitir-lhes participar de todas as decisões que lhes dizem respeito e dividir com eles sua responsabilidade.

Nosso lema é: "Quem sabe, pode", disse-me o advogado de um grande banco. "Quem tem capacidade pode vir para cá. É claro que temos que nos guardar contra a imprudência e atentar para não induzir ninguém à megalomania. Mas eu obtive ótimos resultados ao transmitir já bem cedo responsabilidade às pessoas jovens. Nós vivemos de sucessos, por isto: Quem sabe, pode". Dividir poder, transmitir responsabilidade, incluir a todos, fornecer espontaneamente informações – isto não é nenhuma norma alheia à realidade, mas sim uma receita de sucesso. Poderíamos até mesmo inverter esta divisa, e ela ainda continuaria correta: "Quem pode, sabe", pois em muitos casos um empregado se mostrará capaz de realizar também tarefas mais exigentes se tiver a sensação do quanto ele é importante. Para isto precisamos incentivá-lo, não só profissionalmente, mas também humanamente, pois a autoconfiança precisa andar lado a lado com a consciência da responsabilidade.

Por seu lado o líder tem de saber que ele precisa dos outros. Entretanto, muitas vezes demora algum tempo até que ele compreenda que os outros são um auxílio e não um calço de freio, que eles não são nenhum fator perturbador. E nem todo chefe sente prazer em deixar que seus subalternos participem do desenvolvimento de novas ideias. É possível que ele, por princípio, não confie em ideias inteligentes – mas, então, seus dias como líder poderiam estar contados. É possível que ele tenha medo de perder sua autoridade se tiver de reconhecer desempenhos autossuficientes de seus empregados – mas então sua autoridade de qualquer maneira é quase nenhuma. Também é possível que este chefe tenha tido más experiências com funcionários "criativos" – mas então ele deveria se perguntar se talvez ele próprio não teria sido responsável por isto. Porque, quando um chefe pode realmente ouvir, quando ele permite verdadeira liberdade de pensamento, então as críticas e as inflexibilidades terminam rapidamente. Portanto, quando eu leio que 80% de nossos gerentes preferem confiar em sua própria intuição e tomar sozinhos suas decisões, então eu descubro aqui um enorme potencial que se deixa usar sem grandes despesas.

Vejo muitas vezes também que os chefes têm receio de não conseguir fazer sua opinião prevalecer se todos tiverem o direito de opinar. E então, antes de uma reunião, eles se perguntam preocupados se conseguirão se impor ou se possivelmente fracassarão diante da resistência massiva dos outros com suas propostas. No que me diz respeito, eu disse a mim mesmo em algum momento que não é uma questão de ser o vencedor no final. Eu preciso dos outros, portanto tenho de compreendê-los como coatores e não como poder ameaçador de bloqueio. Isto produz milagres. Porque esta postura liberta a energia, que é necessária para a concretização de uma tarefa, em todos os envolvidos. Assim que percebem minha confiança, eles perdem qualquer interesse em uma batalha defensiva. Então eles desenvolvem suas próprias ideias, pois sentem que comigo não esbarram em resistência. Não existe qualquer baluarte para demolir. Também não existe nenhuma segunda intenção para esclarecer. Trata-se somente do assunto em questão. E todos sentem repentinamente prazer em uma cooperação construtiva.

Mas aqui também é preciso indagar mais uma vez: Até que ponto um chefe pode se conter? Quanto menos se evidenciar, mais fácil será para ele integrar seus subalternos. Uma boa liderança precisa transmitir a todo funcionário a sensação de não ter realizado aquilo que este ou aquele chefe de departamento quer, mas sim o que ele mesmo quis. E este objetivo será mais certamente alcançado quando um chefe age discreta, moderada e oportunamente. Um chefe egocêntrico, diante do qual ninguém está seguro, um superior que se julga o centro de seu departamento, destrói não apenas o sentimento de autoestima de seus empregados, mas também desperdiça sua própria autoridade – e durante as reuniões ocorrem cenas de aflição desesperada. Uma dessas cenas ocorreu com um diretor de instituto, que após um monólogo cansativo colocou em discussão suas observações sobre o futuro da instituição e, após o primeiro comentário crítico, gritou pateticamente: "Assim não é possível! Eu não preciso de funcionários que não cooperem comigo!"

O advogado que citei anteriormente me servirá de exemplo para esclarecer quanto uma liderança cooperativa pode exigir em autoridade. "Eu havia escrito um comentário sobre direito bancário", ele me disse, "e antes de publicá-lo perguntei a uma colaboradora o que ela achava de meu texto. Ela leu minha obra em casa, depois veio ao meu escritório e alisou a minha barba. Aí então eu a interrompi. 'Cara colega', eu disse. 'Nada de delicadeza. Eu tenho direito de ser criticado por você. E este direito eu reivindico agora'. Aos poucos ela expressou suas críticas, e dois terços do que ela mencionou eu também levei em consideração. Portanto, eu espero opiniões sinceras, porque só posso tirar proveito de opiniões honestas. Quando eu percebo que alguém diz o que acha que eu gostaria de ouvir, este alguém é imediatamente transferido."

Nós já chegamos bem longe na arte de liderar pessoas quando conseguimos nos elevar acima de nossas fraquezas. É claro que é sensato envolver seus funcionários, mas isto ainda não é suficiente. Como chefes, também temos que valorizar constantemente tanto os colaboradores criativos quanto os inoportunos. Com isso eu não me refiro aos críticos ou às pessoas que parecem ser excepcionalmente intelectuais apenas porque contestam sempre. Aqueles que criticam nunca são criativos, e os criativos nunca criticam. Os censuradores existem sempre e em todos os lugares, mas nós não deveríamos de modo algum tomá-los como pretexto para decisões solitárias. O mais sensato é discutir sobre determinados temas com regularidade e em pequenos grupos, em uma atmosfera de confiança, onde todos possam manifestar espontaneamente o que pensam e ninguém seja intimidado, desdenhado ou desprezado. Esta é a única maneira de chegar a algo novo. Neste processo no qual as ideias novas se sucedem, em que alguém mal acaba de ter uma ideia e o próximo já tem outra, inspiramo-nos mutuamente, e quando o grupo não é muito grande vivenciamos um fluxo de ideias que pode ser um prazer intelectual. E mesmo que de dez ideias nove não sejam proveitosas, valerá a pena pela décima.

Eu sei que este comedimento nem sempre é fácil. Pedir conselho pode ser um sacrifício, quando nós mesmos não nos julgamos absolutamente indecisos. Mesmo assim, a gente não deveria mencionar a solução talvez já encontrada há muito tempo e deixar que os outros participem da busca. A incerteza de uma pessoa em posição de liderança é um forte estimulante para os que são liderados, porque sua contribuição, além da necessidade profissional, neste caso também significa um favor pessoal. Portanto, nunca apresente suas próprias ideias em primeiro lugar – isto deixa os outros sem expressão, congela a discussão. É muito mais importante tentar atrair todos para fora de suas reservas. Mas é claro que isto não é para depois preparar o ataque!

Eu digo a mim mesmo muitas vezes: "Espere até que as pessoas cheguem sozinhas ao ponto. Você pode ajudá-las, mas agora você não pode se intrometer com a autoridade de sua função". Eu talvez procure abrir-lhes os olhos, mas não lhes apresentarei nada como solução pronta, não desejarei provar nada. Aquilo que descobrimos por nós mesmos, tratamos como se fosse um tesouro, como algo muito significativo e precioso, porque associa o orgulho do descobridor com o sentimento de alegria da descoberta. Receber alguma coisa mostrada ou apresentada jamais chega perto de ser tão gratificante. Aí nos sentimos como um estudante que tem de aprender uma lição, que para ele – mesmo que esta prove ser de grande utilidade – nunca significará tanto quanto uma descoberta individual. Aliás, isto não é válido apenas para o fluxo de ideias, isto também é válido para a execução prática de tarefas. Como organismos realizadores eles podem pelo menos se sentir satisfeitos. Por este motivo, um chefe inteligente deve estabelecer objetivos, definir o contexto e fornecer as informações necessárias, mas não antecipar tudo, não revelar muito, e neste meio-tempo não se intrometer. Encontrar o caminho deve ser deixado a critério do colaborador, porque as descobertas representam um elemento decisivo da satisfação por meio do trabalho. Assim nos lembremos sempre do prazer que é criar ideias, trabalhar nelas, deixá-las amadurecer e então vivenciar em comum como a ideia se transforma em um plano, o plano se transforma em um projeto e o projeto em uma obra. E aí nós sentimos de repente esta excitação produtiva maravilhosa e crescemos outra vez um pouco mais além de nós mesmos.

A propósito, eu acho que às vezes os assuntos profissionais podem ser bem melhor esclarecidos por meio de conversas do que de explicações, e que a conversa em pequenos círculos traz frequentemente mais rendimento do que discussões públicas. Por este motivo prefiro evitar a atmosfera de reuniões e os comportamentos hierárquicos com sua compulsão à autoapresentação. No restaurante, em longas viagens de carro ou em passeios, a maioria das pessoas se expressa de maneira bem diferente. Então também não importa quem teve a ideia, podemos nos entregar ao fluxo do pensamento sem ambições pessoais e de vez em quando surge alguma coisa com uma extraordinária casualidade. Por este motivo, aconselho a procurar o contato com seus funcionários também fora dos escritórios e das salas de conferência. Quanto mais descontraída for a situação, melhor. Não é preciso que sejam tomadas quaisquer decisões nestas ocasiões, mas desta forma as ideias e os projetos amadurecem.

No entanto, em algum momento é preciso decidir, e não existe mais nenhum debate. Espera-se então de um líder que ele prove sua segurança e deixe claro: não há mais discussão. Se mais tarde estimativas erradas forem reconhecidas, é claro que o curso tem de ser corrigido, mas em geral ficamos com a resolução que foi tomada. Não foi fácil, e agora não deveríamos nos desviar da posição alcançada, pois a missão de um chefe é irradiar segurança, dar apoio e garantir a retaguarda. Os empregados têm de poder acreditar que seu chefe não vai fraquejar. O diretor de nossa escola em Santa Otília foi questionado certa vez, em um encontro de pastores de jovens: "O abade primaz sabe realmente o que os jovens fazem na sua escola?" "Não faço ideia", respondeu meu diretor.

"Mas, em todo caso, ele me encorajaria se soubesse." É claro que eu estava contente por nem sempre saber de tudo...

Estimular, incentivar, permitir liberdade – é assim que eu sempre entendi minha tarefa. Nada de dirigir sozinho, mas sim inspirar os outros, deixar que as ideias aflorem e então pegá-las, identificar possibilidades, estimar consequências, aproveitar iniciativas e de vez em quando indagar. Eu mesmo não preciso participar da execução em si. Em algum momento a coisa tem de andar sem que eu precise estar presente todo o tempo. Isto não significa nenhum desinteresse, mas apenas que os outros sabem e podem realizar muita coisa melhor do que eu. É sempre assim: Quanto mais alto alguém se eleva em uma hierarquia, maior significado ganha a competência de liderança, enquanto que a competência profissional detalhada é deslocada para o segundo plano. Quem tem abaixo de si meia dúzia de departamentos, da contabilidade ao departamento jurídico e a tributação, entenderá inevitável e individualmente menos de uma coisa do que o respectivo profissional. Isto também lhe é permitido enquanto ele possuir a autoridade de perguntar aos especialistas e dizer: "Não, eu não compreendo. Por favor, explique-me", em vez de logo se esquivar com as palavras: "Tudo bem, faça-o, você é o profissional".

É claro que as qualidades de liderança não podem substituir a competência profissional. Ambas estão juntas. E as duas se unem em quantidade excepcional quando um líder possui a capacidade de ver além de seu próprio horizonte.

Quando não se satisfaz por tudo caminhar segundo o desejado e funcionar sem problemas, mas sim quando prevê desenvolvimentos, lança mão de ideias promissoras e identifica novas possibilidades; em resumo: desenvolve visões. Estas não precisam ser revelações noturnas, podem ser ideias que ouvimos ou lemos em algum lugar e nos apropriamos. Também não são sonhos. As visões são realísticas e executáveis, não são ideais, mas antes objetivos suficientemente convincentes para mobilizar forças e provocar entusiasmo. No entanto, quando a visão adquire o sabor de utopia, é porque neste meio-tempo o consenso mínimo impera, mas os expertos em suas avaliações antecipam o compromisso e identificam apenas o que é possível realizar e não mais o desejável, porque em toda parte se conversa com pouca responsabilidade. Por outro lado, o quanto é infinitamente enriquecedor conhecer uma pessoa de visão e ter o raro prazer de se confrontar não com ela, mas com seus pensamentos! A meu ver os visionários criam de fato a verdadeira central energética de uma empresa – contanto que eles não sigam suas ideias obstinadamente por si mesmos, detrás de portas de escritório fechadas, pois uma visão só pode sobreviver se for dividida por muitos.

Para mim e para minha Ordem isto significa que estamos em um momento de transição. Temos de nos voltar para a globalização da Ordem beneditina. O número de mosteiros nos países pobres aumenta, enquanto que para nós, aqui na Europa, diminui. O que isto significa para aqueles que exercem a liderança em Santo Anselmo? Que caminho deveremos trilhar para garantir a unidade da Ordem também no futuro e manter o caráter beneditino de nossos conventos sob os mais diversos sinais culturais? Santo Anselmo é a única instituição de nossa Ordem que exige e pode receber esta divisa, pois os demais mosteiros beneditinos formam unidades autônomas, independentes, e nem mesmo o abade primaz está autorizado a dar instruções ao abade de um convento. Quando ele deseja alcançar alguma coisa, então precisa convencer, não só como pessoa, como também por meio de suas ideias, e sua influência sobre a Ordem chega apenas tão longe quanto a confiança que lhe é oferecida. Em outras palavras: A Ordem como um todo depende da compreensão e da solidariedade de nossas comunidades em todo o mundo, se quisermos transformar nossos planos em realidade e, na medida do possível, no futuro formar como professores na Escola Superior de Santo Anselmo muitos estudantes provenientes dos conventos dos países do Terceiro Mundo, se dirigirmos nossos esforços em longo prazo, no sentido de equipar esta escola superior da melhor maneira, tanto pessoal quanto financeira, para o bem de nosso convento. Em todo caso este é o nosso objetivo, esta é a nossa visão.

Neste meio-tempo chegamos perto deste objetivo, e nosso sucesso deve apresentar aqui um exemplo de como é sensato integrar todos os participantes.

Até então a Abadia de Santo Anselmo tinha à sua disposição escassos recursos financeiros – somente os custos da já há muito necessária reforma de nosso teto eram superiores ao total do orçamento anual. Para colocar Santo Anselmo sobre uma nova base financeira pareceu-nos inevitável conquistar para nossa visão as prósperas abadias norte-americanas. O único problema era que quase ninguém nos Estados Unidos sabia de nossa existência, e a maioria dos abades americanos tinha até aquela época demonstrado um interesse apenas moderado pelo Mosteiro de Santo Anselmo – Roma era para eles simplesmente muito longe, situava-se do outro lado do oceano, e com isto literalmente do outro lado de seu horizonte. Como poderíamos fazê-los assumir a responsabilidade pela Abadia de Santo Anselmo e fazer de nossos planos a sua causa?

Eu consegui conquistar meu amigo Abade Douglas para nossa visão. Ele é o dirigente da Abadia de São Vicente, o maior convento beneditino dos Estados Unidos, e é um especialista na arrecadação de donativos – somente para suprir as necessidades de seu convento e de sua escola superior ele mantém dois escritórios de desenvolvimento com um grande número de funcionários. Veio dele a ideia de montar para a Abadia de Santo Anselmo um escritório próprio nos Estados Unidos, com captadores profissionais como funcionários, para em primeiro lugar arrecadar dos conventos americanos o meio milhão de dólares necessários para a manutenção anual. E agora era a minha vez.

Então fui várias vezes para os Estados Unidos. Eu explicava aos abades americanos qual era a situação em Santo Anselmo, o que fazíamos e qual o significado deste lugar para o futuro da Ordem. Falei das bolsas de estudo para poder formar professores vindos dos países pobres e forças de liderança para a Igreja em todo o mundo; falei dos trabalhos de reforma necessários na antiga construção sobre o Monte Aventino, expliquei por que valia a pena fazer o sacrifício. Mais tarde eu repeti minha apresentação diante da iniciativa particular, a qual o Abade Douglas, com suas cinco mil cartas circulares, deixara curiosa sobre nosso trabalho. E de repente os abades americanos se interessaram por nós. Finalmente havia uma base de confiança para uma cooperação estreita, e em algum momento começaram a chegar os primeiros cheques. Hoje parece que poderíamos receber um sólido sustentáculo americano. Com isto a realização de nossa visão se tornou mais próxima. Porém, antes de chegarmos tão longe, ainda terei de viajar muitas vezes aos Estados Unidos e mobilizar os doadores, pois pode demorar anos, até que uma fundação desta natureza satisfaça o objetivo pensado.

5
Não tenha medo do homem forte

Sobre falsos e verdadeiros líderes

Abade primaz Notker Wolf

Há algum tempo o chefe da Câmara dos Deputados da Baviera pediu-me para apresentar um curso de final de semana para jovens políticos, cujo tema deveria ser qualidades da liderança e responsabilidade social. "Muitos de nossos políticos jovens não veem hoje nenhuma relação entre liderança e responsabilidade", disse ele. "Antigamente isto era diferente. Outrora, a maioria de nossos deputados vinha do ambiente católico e já havia aprendido a ter responsabilidade no grupo de jovens das paróquias católicas. Mas hoje em dia eles são poucos."

Eu naturalmente sabia o que ele queria dizer. Eu mesmo ainda presenciei a época em que a Igreja nas comunidades municipais tinha mais a oferecer do que missas dominicais. A Igreja era para nós um pedaço da terra natal. A consciência comunitária da Igreja era naquela época mais intensamente moldada pela emoção do que pela política, mesmo assim a gente enquanto ainda jovem já obtinha uma ideia daquilo que poderíamos chamar de Eros político, do contentamento pela responsabilidade por pessoas, pela sociedade como um todo. A gente assumia automaticamente a responsabilidade quando participava destes grupos de jovens. Escriturar um livro-caixa, preparar as aulas do grupo, organizar e manter a disciplina no acampamento etc. Era uma honra poder participar, e era questão de honra não fazer má figura. Assim, naquele tempo os jovens cresciam com um imperceptível sentimento natural de responsabilidade, sem ter de refletir muito, e, quando mais tarde se candidatavam à função de prefeitos ou de conselheiros, possuíam uma autoridade natural e convincente. Depois de 1968 o interesse pela Igreja e pela missa diminuiu, e com o tempo os grupos da paróquia passaram a ter cada vez menos afluência de público. Mas este desenvolvimento não foi a única causa do fato de que a gente tanto na política quanto na economia já não encontre mais com tanta frequência sentimentos de responsabilidade maduros, que distinguem a autoridade verdadeira. Liderar significa, por motivo de sua posição, assumir responsabilidade pelas pessoas – uma responsabilidade da qual não podemos nos afastar, a não ser em prejuízo daqueles que lideramos. Quanto mais tarde aprendermos isto, tanto pior –voltaremos mais adiante a este ponto em relação à escola e à educação.

Além dos já citados motivos individuais para uma má liderança, segundo minha opinião, também existem motivos sociais. O declínio do trabalho cristão de jovens com certeza é uma destas razões. Outro motivo me parece ser a desconfiança generalizada que temos diante do "homem forte", nossa rejeição quase instintiva contra personalidades de liderança que irradiam força e autoconfiança. Esta desconfiança está entranhada em nosso ser, e à primeira vista parecem existir bons motivos para isto. Nossa própria experiência histórica deve nos justificar esta desconfiança, diz-se, porque afinal a humanidade vivenciou péssimas experiências. No entanto, sob um segundo olhar, acho este motivo pouco convincente e quero esclarecer o porquê.

A maioria associa hoje a palavra "guia" às figuras sinistras do século XX, o duce Mussolini, o caudilho Franco, o líder supremo Fidel Castro e, é claro, Adolf Hitler. Todos eles se autonomeavam guias. Desde então esta palavra para nós não é mais socialmente aceitável. Nossa imagem de um guia está de tal forma obscurecida, que até mesmo a função benéfica do guia passa despercebida. Por isto, eu gostaria de lembrar que existiram ainda outros guias, além dos ditadores do século XX – à frente de todos, a maior figura de liderança foi Moisés, o arquétipo do guia e grande exemplo de heróis da liberdade e ativistas de liberdades civis, como Martin Luther King, que também se via como guia. Certamente tanto uns quanto os outros possuem alguma coisa em comum. Eles se apresentaram com a promessa de conduzir seu povo a um futuro melhor. Mas também não podemos deixar de ver a diferença fundamental que existe entre eles.

Os autodenominados guias do século XX na verdade escravizaram seus povos – Moisés, pelo contrário, conduziu seu povo de fato da escravidão para a liberdade, e a caminhada pelo deserto foi acompanhada por um processo de emancipação, e em seu decurso o povo experimentou a maneira responsável de lidar com sua nova liberdade. Portanto, existem líderes e líderes; de fato, melhor seria denominar os citados ditadores do século XX de *aliciadores* e guardar a definição "guia" para aqueles que à frente conduziram corajosamente seu povo no caminho da liberdade. Entre eles Moisés é o exemplo de maior força carismática. A imagem do povo de Israel, que sob a condução de Moisés caminha pelo deserto, forneceu a Martin Luther King a esperança para o destino dos negros na América do Norte, e o Concílio Vaticano II se reporta propositadamente a esta imagem quando identifica a Igreja como o povo peregrino de Deus.

É natural que estes líderes tenham sido homens fortes. Quem poderia duvidar que Mahatma Gandhi ou Martin Luther King foram personalidades impressionantes? Ou quem poderia imaginar que a independência da Índia, que o sucesso do movimento pelas liberdades civis nos Estados Unidos teriam sido possíveis se seus líderes tivessem sido homens fracos (ou mulheres fracas)? Se hoje ainda se alerta com um certo tom de desprezo contra o "anseio pelo homem forte", se nós ainda quase não podemos falar de força humana sem que automaticamente sejamos censurados por arrogância ou falta de respeito, é porque fomos vítimas de um mal-entendido.

Então nós confundimos força com poder. Neste caso agimos como se a força de uma pessoa fosse alguma coisa tão ameaçadora quanto a plenitude de poder de um indivíduo. Isto é absurdo. É como se fôssemos mais bem servidos pelos homens fracos. Nenhum movimento surge sem homens fortes, sem mulheres fortes, e mesmo o movimento antiautoritário dos anos 60 do último século nos presenteou com homens fortes em um número considerável – tenham sido apenas líderes estudantis como Rudi Dutschke ou exemplos como Mao Tsé-Tung e Ho Chi Minh.

Devemos ponderar mais uma vez que os líderes não provocam obrigatoriamente calamidades e que homens fortes são tão bem-vindos quanto mulheres fortes. Isto sem falar que toda empresa, todo partido, toda instituição política precisa de uma figura de liderança que dê contorno a um programa, a um projeto ou ao conglomerado de empresas.

A única questão é, portanto, o que queremos entender por forte. Eu gostaria de responder a isto com três exemplos. No primeiro se trata da função de exemplo de um líder, no segundo da relação entre experiência de vida e coragem vital, no terceiro da disposição de também se deixar controlar, mesmo quando estamos na liderança.

Cumprir tarefas de liderança é debilitante, porque os outros nos observam. Um chefe está constantemente sob observação, é olhado furtivamente com desconfiança ou com admiração, e em todo caso pode estar certo que ele é seguido pelos olhares. Isto é um desafio enorme. Nada daquilo que ele faz ou deixa de fazer fica sem consequência; todos percebem quando seu comportamento, seus discursos e seus apelos não são sinceros. Portanto, em todo caso ele é exemplo, não tem nenhuma escolha. Porém, dependendo da imagem que ele transmite, poderá ganhar a lealdade de seus empregados ou perdê-la. Quem sobrecarrega seus empregados de trabalho, quem espera deles que fiquem até tarde da noite na empresa, mas vai embora às quatro horas da tarde porque está sendo esperado no campo de golfe, enfraquece sua autoridade e, além disso, verá que todos os seus enganos serão vistos como perseguição intencional. No entanto, quem não poupa a si mesmo, quem não se esquiva de conflitos e termina seus projetos com total empenho, não apenas ganha o respeito de seus funcionários, como também não terá seu ressentimento por qualquer coisa. O quanto alguém leva a sério sua função de exemplo não é apenas uma questão da moral pessoal, é também um aspecto decisivo da liderança inteligente. E nada confortável. A observação de meu velho prior a respeito do eterno bom exemplo, e de que isto aos poucos acabaria por matá-lo, não foi imaginada para ser assim tão engraçada. Alguns abades também sentem como um peso agir constantemente sob o olhar dos outros. Aqui a única coisa que ajuda é entender conscientemente o comportamento exemplar como parte de sua missão. Não existe nenhum outro caminho, pois as virtudes só podem ser transmitidas no dia a dia vivenciado por meio do exemplo de pessoas. As discussões abstratas de valores, como as que de vez em quando se inflamam na Alemanha, são totalmente sem sentido. São necessários exemplos, personalidades, que mostrem os valores como cultura viva. A gente tem de se conscientizar da autoridade, todo resto é falácia. Bento também achou necessário chamar a atenção sobre isto. No segundo capítulo de sua regra ele diz: "O abade deve tornar visível tudo de bom e sagrado muito mais por meio de sua vida do que de seu discurso. Aos discípulos ajuizados ele esclarecerá os mandamentos do Senhor, mas aos insensíveis e aos ingênuos ele mostrará os mandamentos de Deus por meio de seu exemplo. Que ele mostre em seus atos aquilo que ensina a seus discípulos [...]" E exatamente assim via o já citado Lao Tsé cerca de oitocentos anos antes. Em seu tratado filosófico *Tao Te King* escreveu:

> Os mestres se satisfazem,
> em servirem de exemplos,
> sem impor seus desejos.
> Eles são claros, sem magoar,
> diretos, sem insistir,
> irradiantes, sem cegar.

Quem fala de maneira depreciativa sobre o "homem forte" não entendeu o quanto é grande o desafio que os líderes têm diante de si, não sabe da pressão física e espiritual à qual eles estão sujeitos. Os chefes têm de poder suportar muita coisa – e com isto chegamos ao segundo exemplo. E eles podem conseguir isto ainda mais cedo quanto menos tiverem trilhado em sua vida profissional o caminho de menor resistência. Com outras palavras: Personalidades de liderança fortes trazem consigo, entre outras qualidades, também uma grande quantidade de experiência de vida. Sua experiência talvez seja mesmo o seu maior capital. Indivíduos com uma carreira relâmpago e imaculada têm pouca experiência à qual recorrer quando a situação se torna crítica. Por este motivo a gente sempre deve se esforçar. Como chefe precisamos já ter tido a experiência de passar por muita coisa e de ter superado algumas situações. Até certo ponto a gente deveria também ter se tornado resistente, não só contra críticas como também contra bajulações. A gente não pode se abater facilmente. De preferência, a gente já deve ter passado na vida por alguns altos e baixos, ter dado golpes certeiros e ter sofrido reveses, e mesmo assim sempre ter encontrado coragem para se expor ao imprevisto e ao incalculável.

Além disso, em situações de risco a gente educa a intuição, aguça a percepção, desenvolve capacidades que nos beneficiam quando se está em crise. Quem se esquiva da vida não serve para ser líder, porque é emocionalmente subdesenvolvido. Isto me faz lembrar um acontecimento que ocorreu há muitos anos. Um pouco antes de minha escolha como abade primaz em Santa Otília um confrade idoso me perguntou: "Então, Reverendíssimo, o senhor é saudável?" – "Bem", eu disse, "de certa forma. Em minha infância estive doente muitas vezes, mais tarde isto passou. Mas eu sei como um hospital é por dentro". – "É bom", ele respondeu. "Um abade nunca deveria ser muito saudável, pois do contrário ele não teria compreensão com os fracos e os doentes." Por um momento fiquei perplexo. Eu ainda não tinha visto a coisa por este prisma. Mas o velho confrade tinha razão. Alguém que já tenha visto o mundo pelo outro lado tem mais recursos experienciais do que alguém que nada vivenciou.

Outro fruto da experiência de vida, que deveria ser mencionado aqui, é o conhecimento da natureza humana. Como líder a gente tem de reagir a sinais, que se situam além do nível verbal, tem de poder avaliar e prever: Aquele é um querelante, aquele se curvará ao primeiro vento contrário, este ambiciona sentar-se na cadeira do chefe etc. – e para isto a gente precisa de uma intuição, que cresce com a experiência. Quando alguém me procura porque deseja ser aceito no convento, no máximo em dez minutos eu posso avaliar se este alguém é qualificado para a vida monástica ou não. Se eu percebo que alguém teme por si mesmo e deseja reconhecimento, então eu sei que esta pessoa não será feliz conosco, nós nunca lhe poderemos oferecer a autoafirmação que deseja. Nossos confrades precisam ser bastante autônomos, nós não somos uma Ordem de tratamento e aconchego. Logo, a arte consiste menos em julgar as pessoas pelo seu exterior do que perceber a sua atitude básica. E para isto é preciso ter bastante experiência de vida.

Tudo isto tem menos a ver com poder do que com força pessoal, com conhecimento humano e com uma energia vital, que se alimenta da experiência abundante! Mais uma vez se mostra o quanto é ridículo pensar em pretensões de força e onipotência tão logo se fale do "homem forte".

Com o terceiro exemplo eu gostaria apenas de lembrar que a força também pode se expressar de uma maneira totalmente diferente: precisamente pela autolimitação inteligente e não pela ostentação gestual do autocrata.

É claro que um líder tem de saber o que ele quer. Ele deveria no mínimo ter uma linha geral e ser capaz de definir objetivos. Isto faz parte de sua tarefa fundamental, e assim ele justifica a confiança básica de seus funcionários. Quem não sabe o que quer não oferece nenhuma orientação, e com isto não serve como líder. E com todo o comedimento sensato, com toda a disposição para a cooperação, tem de ser claro quem tem a responsabilidade. Seria um erro capital desmentir vergonhosamente sua autoridade ou se possível se esconder no grupo e apelar para o voto coletivo, segundo o lema: "Esta era a vontade de todos. Eu na verdade não era a favor, mas não tinha nenhum poder em relação a isto". Da mesma forma, é covarde se entrincheirar por detrás de análises científicas ou avaliações de expertos, quando a saudável razão humana seria totalmente suficiente para julgar uma situação. Portanto, a gente não deve de modo algum despertar a impressão de que tem medo das consequências de nossa responsabilidade. No entanto, é possível surgir uma situação em que seja aconselhável se submeter espontaneamente a um controle mais forte. Deparei-me com uma situação deste tipo após minha eleição como abade primaz da Abadia de Santo Anselmo.

Meu antecessor dava muito valor à independência. Eu pelo contrário não queria decidir sozinho a respeito de algumas coisas. Eu tinha em mente uma agremiação deliberadora, que ainda não existia desta forma. Meus colaboradores achavam um Conselho desta natureza totalmente dispensável – certamente uma prova de confiança em mim –, porém, quando observei a dimensão que a totalidade do complexo de Santo Anselmo havia adquirido, qual a sobrecarga que as diferentes tarefas de um abade primaz me traria, então fui levado a desejar um Conselho deste tipo.

Por um lado, o abade primaz é responsável pela escola superior e pela abadia; com outras palavras, é o abade de todos os monges que vivem lá durante o tempo de seus estudos, e ao mesmo tempo o chefe de uma quantidade sempre maior de empregados que – tipicamente italiano – estão organizados nos mais diversos sindicatos. Em adição a isto existe a segunda tarefa, que é o cuidado com a Ordem como um todo, e isto exige do abade primaz, entre outras coisas, mobilizar cada um dos mosteiros para o trabalho conjunto e manter a unidade de toda a federação beneditina. Esta unidade não é estrutural. O abade primaz é uma espécie de elo da cadeia entre cada um dos conventos e tem de manter pessoalmente a ligação entre eles. A maneira como um abade primaz cumpre suas obrigações é sempre uma questão de interpretação e opinião, aqui cada um tem de imaginar alguma coisa nova. Minha ideia era criar uma permanente troca de ideias com todos os mosteiros, e por isto eu precisava deste Conselho – como um grêmio controlador e apoiador, para que o trabalho rotineiro não me sobrecarregasse.

Eu fundei então o “Conselho do Abade Primaz”, como instituição, e o ocupei não só com colaboradores diretores da

Abadia de Santo Anselmo como também com mandatários representativos da Ordem. Este conselho me auxiliava nas questões de pessoal e financeira e me possibilitava um controle constante de nossa situação econômica, mas isto não é tudo. Ele também deu aos outros a certeza de que seu abade primaz não desempenha nenhum tipo de arbitrariedade, e com isto tem o efeito de uma medida que gera confiança com grande força de persuasão, e ele ainda me protege de decisões erradas por falta de percepção e entendimento, ou seja, facilita-me enormemente o trabalho. Além disto, através dos membros do Conselho eu tenho um bom relacionamento com as associações de mosteiros em cada uma de suas regiões de origem, e isto por fim teve como consequência a geração de um forte interesse pelo Mosteiro de Santo Anselmo nestas regiões. De todas as maneiras, este Conselho provou ser um benefício e, quando dois anos mais tarde me chamaram a atenção para o fato de que algo assim não estava previsto em nossos estatutos, de que o Conselho seria de fato ilegítimo, deixou-me preocupado. Eu precisava desta forma determinada de autocontrole voluntário. O Conselho impede individualismos, representa acima de tudo uma clara melhoria de nossos procedimentos de resolução de problemas, e assim a gente o mantém sem que tenha sido aceito em nossos estatutos. Eu não pretendo deixar nenhuma herança para meu sucessor que ele possa entender como limitação de sua liberdade de ação. Talvez ele se sinta constrangido e então se dedique a seu trabalho apenas com metade da vontade e da força, quem sabe. De qualquer forma, o Conselho permanece até hoje um valioso expediente.

Estes três exemplos devem ser o bastante. Espero que eles mostrem o quanto é absurdo associar em um curto-circuito a energia do homem com forças destruidoras. E ao mesmo tempo eu os entendo como um apostolado para um relacionamento descontraído com a autoridade. Isto é excepcionalmente importante para mim. Eu creio que nós tenhamos de desenvolver outra vez uma visão da força humana e humanizadora da autoridade se a liderança não tiver de caminhar para a escolha entre o exercício despótico do poder e a submissão a um escrupuloso código de comportamento politicamente correto. Se nós imaginarmos tudo o que a energia de um líder harmoniza, talvez nos seja mais fácil um entendimento claro da autoridade e livre da suspeita comum de arrogância. No entanto, em um ponto eu poderia me juntar à desconfiança contra o homem forte: Eu nunca me sinto muito bem quando me torno testemunha do efeito de personalidades carismáticas. Aí existe o perigo de que a liderança se transforme em sedução. Nas pessoas que sucumbem a uma fascinação a razão é posta fora de ação, pelo menos temporariamente.

Com isto eu não quero absolutamente negar que nós precisamos de homens que encantem, que inspirem, que fascinem, que estejam em condições de mobilizar grandes coisas, por meio de seu carisma e poder de atração. No entanto, até agora eu tenho presenciado que as pessoas seguem um carismático de uma maneira que para o meu gosto não oferece qualquer resistência. Talvez eu seja exageradamente cético neste aspecto, mas mesmo durante minha última visita ao confrade Roger Schutz, em Taizé, houve para mim um momento de irritação. O Confrade Roger, indubitavelmente um grande carismático e da mesma forma abaixo de qualquer suspeita, estava, devido a sua avançada idade, encostado a uma coluna, e os jovens que participavam da missa, agachados no chão, formaram uma grande fila, ajoelharam-se, e desta forma se arrastavam até ele apenas para receber sua bênção. Eu estava totalmente impressionado com esta imagem – e ao mesmo tempo estranhava o estado de transe em que estes jovens pareciam estar.

Como já disse, com o Confrade Roger jamais houve o perigo de manipulação. Ele foi para mim o protótipo de um líder carismático talentoso, alguém que desviava de si mesmo as pessoas jovens que afluíam a sua presença e as orientava para Deus. Seu exemplo nos fornece a medida para aquilo que representa um verdadeiro indivíduo carismático: ele não procurava ter as pessoas em seu poder e também não se deixava entusiasmar pelo próprio carisma. A gente sempre deve testar se as pessoas, com intenso poder de fascinação, associam a capacidade de encantar e a força de persuasão com bom-senso prático e autocontrole. A meu ver, Confrade Roger, Irmã Teresa, como também Nelson Mandela e Martin Luther King, passaram nesta prova.

No entanto, existe um problema que surge a partir da natureza da coisa e que por este motivo é quase impossível de resolver. O que acontece quando uma personalidade de liderança carismática se retira: Quem deve assumir a sucessão? De fato, os carismáticos são insubstituíveis, e quase sempre se unem a sua personalidade uma obra, que conduziu ao sucesso. Roger Schutz comprovou ter visão ao determinar seu sucessor e poupar sua comunidade de uma prova de resistência. Mas muitas vezes os líderes bem-sucedidos negligenciam sua sucessão e preferem ver o fracasso de sua obra a correr o risco de serem vítimas da ambição de um sucessor ao trono. Com isto eles subestimam a última e a maior tarefa de todo líder, que é se fazer dispensável. Por este motivo, sempre cuidei para que meus colaboradores mais capazes tenham uma formação excelente e, se possível, ocupem rapidamente postos de responsabilidade, para que possam ocupar o meu lugar a qualquer tempo. De fato, não existe em nossa Ordem nenhuma garantia de que um destes "príncipes herdeiros" venha realmente assumir a sucessão, pois a comunidade elege o abade, e sua escolha pode recair sobre qualquer outro. Mas, mesmo assim, para mim é melhor saber que sou substituível.

6
Líderes têm que ser artistas

O que eu espero de um líder

Irmã Enrica Rosanna

O Abade primaz Notker cita as Regras de São Bento como uma fonte inesgotável de inspiração para todos, que estão diante da questão, de como seria liderar pessoas e criar uma vida comunitária. Eu acho que ele tem razão. Muito embora a regra beneditina não determine minha vida na mesma medida que a sua – eu sou salesiana, e ao contrário dos beneditinos não nos decidimos pela forma de vida em uma comunidade fechada –, mas presencio a validade desta regra em um padrão universal, por assim dizer. O papa me transmitiu a incumbência de atuar na área do convento, e eu posso confirmar que São Bento é realmente o pai da vida religiosa. O que quer que ele escreva é simples e concreto, ele comprova um equilíbrio interior excepcional e por isto serve de orientação para todas as comunidades religiosas.

Minhas experiências com as mais diversas Ordens – isto eu talvez deva dizer – não se limitam aos casos que trabalho aqui no Vaticano sentada à minha mesa. Quando me defronto com problemas tão difíceis, muitas vezes peço o auxílio do abade, da abadessa ou de uma irmã da Ordem, para junto com eles achar soluções. Além disso, eu realizo viagens para me encontrar pessoalmente com as pessoas que nos procuraram solicitando ajuda, pois quando existem problemas complexos eu só posso utilizar eficientemente minha experiência pastoral em conversas de mulher para homem ou de mulher para mulher, e não ao telefone, e muito menos por meio de correspondências. De vez em quando também viajo para cursos de formação ou para realizar palestras, e então com frequência surge uma oportunidade para conversar com abadessas e abades sobre seu papel ou sobre as dificuldades de cada uma das Ordens no mundo atual. Alguns estão sobrecarregados, alguns não estão bem, e muitos problemas e conflitos me chegam em primeira mão.

Empenho-me sempre em cumprir minha missão dentro do espírito do catolicismo, e mesmo quando neste livro escrevo sobre liderança em seu mais amplo sentido, eu penso nas características de um líder cristão como condição substancial para uma boa liderança. Portanto, eu me reportarei à imagem de um líder, que é mais do que o diretor de uma empresa, que não lidera apenas em sentido sociológico, mas que a partir da fé transporta os valores do cristianismo – como paz, justiça e harmonia – para o interior da política, da economia, das empresas e da mesma forma das escolas e das famílias. Este tipo de pessoa é exatamente o que me parece faltar hoje em dia. O cristianismo não é particular, ele é público, porque diz respeito a tudo que o homem é e realiza. No meu entender, a felicidade do indivíduo, assim como o bem-estar da comunidade, depende de que assimilemos aqueles valores que formam a herança do cristianismo, e que despertemos estes valores para a vida na sociedade.

Nós não nos constituímos apenas de ação, também temos um ser. Para mim, como líder religiosa, isto significa que a tarefa que me foi passada tem de se tornar uma vocação. Ela não deve permanecer um simples papel, que eu represento, ou ser um trabalho que eu executo; na verdade, ela tem de se tornar a mais alta expressão de mim mesma, para que eu não possa oferecer apenas todas as minhas energias, mas sim tudo que sou como pessoa. Por este motivo, não é suficiente, que eu me mantenha na área, que eu chamaria de arte de administrar, se quiser solucionar conscienciosamente e de forma eficiente todos os problemas que me são trazidos. Além disso, eu também tenho de dominar aquilo que eu entendo por estimular a arte, por revigorar e despertar forças, para que eu possa ajudar às pessoas, com as quais eu lido, a viver segundo sua missão e sua identidade. Às vezes é difícil equilibrar estas duas artes na própria pessoa, ou, dito de outra maneira: perceber qual situação exige uma solução imparcial segundo a regra da arte de dirigir e qual exige uma intervenção pessoal no sentido de estimular a arte.

Em todo caso, como líderes, temos que ser artistas. No entanto, como arte eu não imagino aquilo que por perfeição está pendurado nas nuvens e é inalcançável – um artista é para mim na verdade uma pessoa que desenvolve e aprofunda constantemente as capacidades que sua tarefa lhe requer. Visto desta forma, um artista não é nada excepcional, e de nós líderes religiosos é esperado, no mínimo, que cada um seja um artista – artista em orar, artista em sofrer, artista no cumprimento de sua missão. É certo que nem toda pessoa traz em si a capacidade de liderança. Algumas são totalmente inaptas para tarefas de desempenho – assim como eu, por exemplo, que não tenho nenhum talento para cozinhar. Eu não sei, e também não quero aprender, porque percebo que isto não pertence aos meus dotes. Mas quando alguém possui qualidades de liderança, este alguém não pode se acomodar a isto e confiar somente em seu carisma e em sua autoridade inata. Ele sempre tem de continuar a trabalhar em si mesmo, tem de adaptar e expandir seus dons e suas capacidades, desenvolvê-los e internalizá-los. É isto que Santa Catarina de Sena pensa, quando ela diz: "Sede aquilo que deveis ser – e vós fareis a Itália gravitar. Continuai a aprender, aquilo que já sabeis. Transformai-vos naquilo que podeis e sabeis, cada vez melhor". A competência para liderar de certa forma se desenvolve como um casamento. Quando duas pessoas se casam, elas são esposo e esposa, mas elas ainda não aprenderam o que significa ser marido e mulher, porque lhes falta a experiência do dia a dia. No decorrer da vida tudo tem de se afirmar, tem de crescer e amadurecer com o tempo.

Agora, que capacidades nos auxiliam a cumprir sempre melhor nosso papel de líderes? Eu gostaria de nomear três. A primeira é a sobriedade. Ela é para mim uma virtude fundamental, e também muito difícil. O comedimento é uma expressão da maturidade humana. Ele pressupõe um equilíbrio interior que muitos só desenvolvem com o tempo, mas que raramente é tão perfeito, que a gente não tenha de continuar a lutar por ele. Quando meu equilíbrio interior está ameaçado, sempre penso em uma determinada estátua de Nossa Senhora, que se encontra em um pequeno nicho diante dos portões de Roma: é a imagem de Nossa Senhora do Equilíbrio, da harmonia, e em sua honra jamais foi comemorada uma festa, pela simples razão de que todos os dias ela é invocada desde as primeiras horas da manhã até à noite. Ela é com certeza uma das mais populares "Nossas Senhoras", e sem dúvida fazemos bem em nos colocarmos sob sua proteção. Com outras palavras: comedimento e harmonia, ambos merecem qualquer esforço, pois como líder a gente nunca pode improvisar, jamais pode precipitar alguma coisa. A impetuosidade e a precipitação reduzem a melhor das intenções a nada, e quem se deixa levar pela sua irritabilidade pode provocar prejuízos imprevisíveis. Mesmo sob a maior pressão externa nós não devemos ser radicais, e, se alguma vez perdermos nosso autocontrole, então teremos de ter a coragem de reiniciar e também de pedir perdão. Além disso, faz muito bem à nossa sobriedade, quando nos acostumamos, com o tempo, a não fazer julgamentos absolutos e a não querer ter razão definitivamente e a qualquer preço.

O segundo dom, que caracteriza uma personalidade de liderança, é a paciência. Como filhos desta sociedade temos o hábito de estar sempre com pressa. Cada vez mais tendemos a desejar resultados imediatos, e trocamos em pânico de programas e de métodos quando o sucesso esperado não surge sem demora. Mas um chefe impaciente não pode liderar. Ele precisa compreender que tudo precisa de seu tempo e que os resultados só aparecem na medida em que o homem cresce e amadurece. Provavelmente ele precisaria aprender, primeiro, a ter paciência consigo mesmo antes de poder deixar os outros em paz. O que não quer dizer que a gente possa se acomodar. A gente deve se interessar pelo modo com o qual os outros podem lidar com suas tarefas. Ter paciência não significa deixar aqueles que nos foram confiados por conta própria – afinal uma das mais importantes missões dos líderes é cuidar da coesão de uma comunidade, porque senão os conflitos se acumularão. E também ainda precisamos de paciência, porque nós como chefes e educadores precisamos ser especialistas em prestar atenção ao que ouvimos. Muitos falam demais, poucos podem ouvir, porém a palavra certa é sempre um fruto do ouvir com atenção. Eu mesma, por exemplo, sempre tenho de me conscientizar que por detrás dos muitos documentos que trabalho diariamente se escondem pessoas com suas dores e suas tragédias pessoais, para que eu ouça o conteúdo de cada um dos dossiês e escute as vozes destas pessoas.

E o terceiro dom é a coragem. Pobre do líder que não tem coragem! Entendamos que a cultura da liderança está baseada essencialmente na coragem, até porque nós como chefes e educadores sempre precisamos deixar claro o que está em ordem e o que não, para, dependendo da situação, empreender uma mudança de rumo. Muitas vezes a falta de coragem se disfarça como tolerância ou tranquilidade; na verdade, neste caso o que se deseja é ter paz e não temos autoconfiança em nós mesmos para corrigir erros e falar de irregularidades. Mas façamos também aquilo que exigimos dos outros! E tenhamos a coragem de exercer a autocrítica. Ninguém é infalível, e não se espera de ninguém que não cometa erros. Porém, todos temos de saber que não podemos nos conformar com nossos erros. A fundadora de meu instituto, Maria Domenica Mazzarello, disse isto desta forma: "Vocês não precisam ser perfeitos. Mas também não devem fazer as pazes com seus erros".

É claro que um líder precisa de coragem para solucionar conflitos. Ele é responsável pela paz na comunidade, e por este motivo tem de saber intermediar disputas e agir antes que pequenos atritos se expandam, possivelmente até uma guerra sem fim de todos contra todos. Mas também é necessário ter coragem para reconhecer que não podemos acabar com todos os conflitos – e que nem sempre deveríamos tentar! Pois a arte de liderar consiste, por último, em mostrar aos outros como a gente convive com conflitos e aprende a partir deles. Os conflitos fazem parte da vida, e a conciliação não pode ser incondicionalmente o primeiro pensamento assim que a gente experimente uma irrupção de ira. É certo que a gente não deve se conformar com desenvolvimentos errôneos que trazem em si a semente da insatisfação, mas se eu impedir toda tensão, não aceitar desafios e se eu correr de tudo que possa magoar, então não cresço, não faço nenhum progresso como pessoa. Eu mesma já aprendi muito a partir de conflitos com uma confreira, com um confrade, e muitas vezes tirei proveito da experiência dolorosa de ouvir de alguém a desagradável verdade! Portanto, não deixemos de nos esforçar para solucionar os conflitos. Não ignoremos, por covardia, o que não está correndo bem, mas também não ignoremos, por medo de conflitos, aquilo que poderia servir para nosso enriquecimento.

Estes princípios da boa liderança precisam ser naturalmente preenchidos com vida, precisamos personificá-los. E é agora que o caráter, o temperamento, mas também a educação que alguém obteve, entram no jogo. Eu acredito que meu caráter pessoal me facilita a superação de minha tarefa, que, como já foi dito, não se reporta a procedimentos técnicos, mas antes e na maioria das vezes aos destinos humanos. É que para mim é muito fácil entrar em contato com o outro, eu sou bastante comunicativa, e principalmente: eu não me magoo facilmente. Eu ignoro insultos ou os esqueço imediatamente. Tudo isto não é mérito meu. É que venho do norte da Itália, da Lombardia, e nós lombardos temos por um lado um temperamento impetuoso, mas também nos acalmamos de novo tão rápido quanto nos exaltamos. Portanto, neste ponto a minha origem me auxilia. E se de fato eu alguma vez não conseguir perdoar a alguém por uma mágoa, então eu me ajoelharei e rezarei.

A gente também pode aprender de outra forma. Eu, por exemplo, devo muito à intensa formação cultural que tive, e que aperfeiçoou e aprofundou alguns de meus dotes, e também aos muitos anos de experiência como educadora. Nos sínodos eu várias vezes ouvi de um bispo estrangeiro em relação a minha pessoa: "Irmã, quando a senhora fala, eu entendo tudo". Bem, eu dei aulas durante muitos anos, e então a gente se habitua a construir logicamente suas apresentações e leva em consideração que os ouvintes também precisam de uma orientação.

Para encerrar este capítulo eu gostaria de me referir a dois exemplos de liderança realmente impressionantes: o atual Papa Bento XVI e seu antecessor, Papa João Paulo II. Este último foi sem sombra de dúvida o papa da união com os homens, da proximidade e do entendimento além de todas as fronteiras, o papa da esperança e da emoção. Principalmente os jovens o consideravam como o unificador e o companheiro, porque ele realmente lhes entendia, porque ele podia contagiá-los, o que era a maior de todas as dificuldades, e porque ele ao mesmo tempo podia provocar, incentivar e exigir. Já com o Papa Bento, no início fomos céticos. Nós nos perguntamos: Como é que ele quer seguir as pegadas de seu antecessor? Com toda sua timidez, como ele conseguirá conquistar o coração das pessoas?

Mas então se mostrou que Bento XVI, com recursos moderados, conseguiu alcançar o mesmo que João Paulo II. Da janela de meu escritório tenho uma visão do alto da Praça de São Pedro, e vejo como esta praça se enche de gente durante o *Angelus* dominical como nunca antes. Esta figura, que antigamente parecia rígida e distanciada, revelou-se como um homem acessível, singelo. Para mim Bento é hoje o papa da clareza, do amor à verdade, da moderação e do equilíbrio, e eu acredito que os dois, o último e o atual papa, completam-se extraordinariamente. Bento empresta profundidade e conteúdo às grandes visões de João Paulo – e com isto supre aquela expectativa que a gente deve ter de um líder em primeira linha. A expectativade que ele forneça àqueles que ele lidera uma diretriz clara.

7
A gente ouve dizer, que...
Como resolver crises e eliminar confrontações

Abade primaz Notker Wolf

"Como em todas as grandes empresas aqui conosco também existem diversos centros de poder, e entre estes as pessoas mais prometedoras são atualmente destruídas. Por exemplo, quando o centro de poder A protege uma determinada pessoa, o centro de poder B faz de tudo para acabar com ela. Quase nunca ocorre a nenhum destes centros se perguntar: 'Este homem ou esta mulher é qualificado para esta tarefa?' Na verdade, o que importa é: 'A que círculo você pertence, a qual batalhão? E aí então apenas o que importa é qual dos batalhões é o mais forte. Desempenho é coisa secundária'.

Foi assim que alguém da gerência média me descreveu as lutas pelo poder em sua firma. Isto soa muito parecido quando a linguagem chega à tensão atrás dos bastidores de um conglomerado, como é descrito, por exemplo, pelo ex-chefe da Daimler-Benz, Edzard Reuter, em suas memórias, a respeito do quanto de energia foi desperdiçada nesta empresa por meio de lutas pelo poder e de conflitos internos. Não é à toa que os gerentes muitas vezes fazem uso de um vocabulário que tomam emprestado da linguagem militar. Fala-se de ataque e contra-ataque, mas a terminologia marcial apenas encobre que o cenário desta batalha é uma feira de vaidades, com a qual muitas pessoas em posição de liderança confundem sua empresa. 'Por este motivo nós também não falamos mais de personalidade de liderança', completa o homem, que é citado no início deste capítulo, mas sim de forças de liderança. A força conta, a personalidade não." É possível que em muitos lugares não seja assim tão dramático. Em todo caso é incontestável que, onde quer que se trate de dinheiro, prestígio e influência, prevalece apadrinhamento, ocorrem intrigas, temos de vivenciar ciúme e infâmia. Por isto meu primeiro conselho é: conformar-se bem ou mal, que nem todo colega ou colaborador persegue objetivos altruístas.

Para muitos, principalmente para as pessoas jovens, é difícil aceitar este realismo. O mundo harmonioso daqueles que não reconhecem a maldade em lugar nenhum é uma das ilusões mais afagadas de nossa época. No entanto, o lado oposto desta imagem desejada é que perturbadores da paz tenham de ser demonizados como rivais ideológicos ou inimigos da humanidade, de forma que nada se ganhou para a paz. Por este motivo, tolerar as tensões e solucionar os conflitos para que problemas recíprocos não conduzam à quebra ou à falência da empresa, é mais um fundamento de uma liderança inteligente. Dito de outra forma: as lutas pelo poder têm de ser evitadas ou superadas. Quem se acovarda paga com sua autoridade. Todos que têm uma boa capacidade de intuir percebem, imediatamente, se alguém recua diante de confrontações, e possivelmente o reservarão como vítima. Por isto, se formos obrigados a lutar pelo poder, não façamos concessões. Porém, jamais cheguemos ao nível das pessoas que solucionam este tipo de conflitos de forma dissimulada! É possível agir de outra maneira! Eu tive boas experiências ao evitar lutas pelo poder e ao frustrar o jogo de um opositor por meio de sinceridade desarmada.

Os intrigantes são os primeiros a se render quando notam que todos os seus truques foram percebidos. E a gente deve deixá-los tomar conhecimento disto, em uma franca conversa a dois. Portanto, quando alguém tenta lhe enganar ou lhe desmoralizar, procure conversar com ele, faça-o ver claramente que ele não obterá as vantagens que esperava, e diga: "Deste jeito nós não iremos longe, desta forma você prejudica não apenas a mim, você prejudica a si mesmo". Eu estou convencido de que a sinceridade sobrevive mais tempo, mesmo em casos deste tipo. Admito que a conversa com alguém que não é franco será desagradável. No entanto, a gente pode jogar com o trunfo daquele que não tem a menor necessidade de utilizar métodos sujos, ou seja, está na posição do mais forte. E, além disso, assim a gente fundamenta a própria credibilidade, que exatamente em situações como esta é um bem inestimável.

Toda luta pelo poder representa fundamentalmente uma traição ao objetivo da empresa, por isto a gente deveria terminar este tipo de conflito o mais depressa possível com uma oferta justa de cooperação. Sim, porque quando nós mesmos estamos em posição delicada e não podemos oferecer nada mais do que a própria honestidade, muitas vezes também ainda encontraremos desta forma uma saída de situações que consideramos perdidas. Em todo caso, eu tentei usar a sinceridade em casos explosivos e no final obtive sucesso.

Apenas para citar um exemplo: É comum ocorrer, que o abade e o convento se dividam. Eu penso agora em um abade muito capaz, que possuía apenas o defeito de julgar todos os outros incapazes. Com suas ações individuais ele negligenciava a solidariedade de seus confrades, e de repente começou a ser acusado de irregularidades financeiras. Eu investiguei esta acusação, mas ela não tinha fundamento; de qualquer forma, eu entendi o descontentamento de seus monges: o que faltava a este homem era simplesmente discernimento. Ele era muito autoconfiante, via a si mesmo como se fosse o próprio mosteiro. Então procurei por ele, conversei com ele em particular, sugeri-lhe a renúncia, e disse-lhe: "Talvez você tenha razão. Talvez algumas das queixas contra você não sejam de fato corretas, mas a coisa aconteceu de tal forma que a questão de saber quem tem razão já não tem mais qualquer importância. Além disso, não é mais possível consertar as coisas. Neste estágio já não há mais volta..." Isto foi um dever torturante. Quando a gente é íntima de alguém é muito mais difícil lhe dizer a verdade desagradável do que quando a gente tem uma relação distanciada com este alguém, e nós nos conhecíamos muito bem. Por fim, após longas conversas, ele renunciou, contra a vontade – mas talvez um pouco mais esclarecido em relação a uma ou outra conclusão.

A sinceridade tem mais longevidade. É possível que alguns se admirem, que esta máxima também seja válida no cotidiano do gerenciamento. Eu também aprendi com o tempo a sempre dizer ao outro aquilo que penso, não de forma cruel, mas sim respeitosa, por princípio e sempre. Portanto, eu não dou valor a se esquivar com evasivas e insinuações vagas, na esperança de que o outro entenda por si mesmo. Eu não lhe faço nenhum favor ao deixá-lo "benevolentemente" em dúvida e não lhe presto nenhum serviço ao enganá-lo. A credibilidade é sempre o melhor argumento, e isto é compreendido no mundo inteiro. Assim, durante todos os anos de negociações que antecederam a construção de nosso primeiro hospital na China, eu me mantive fiel à regra, de colocar minhas "cartas na mesa" e de argumentar de forma que meus motivos fossem sempre entendidos. Naquela época, nos anos 90 do último século, além de mim quase ninguém acreditava no sucesso destas negociações – em todo caso, nós queríamos organizar a clínica como um empreendimento conjunto, ou seja, com participação beneditina tanto na construção quanto no gerenciamento, o que esbarrou em uma grande resistência dos chineses. E mesmo assim este hospital existe hoje; iniciou seu funcionamento no ano de 2001 e se encontra de fato sob uma direção mista de chineses e de beneditinos. Um êxito que jamais aconteceria se meus parceiros chineses nesta negociação não estivessem totalmente convencidos da honestidade de minhas intenções.

Entretanto, eu tenho de admitir que posso imaginar situações excepcionais. O questionamento a respeito de devermos nos sentir obrigados à mesma honestidade que demonstramos em um pequeno círculo de parceiros de negociações ou de empregados, em um clima aberto de reuniões e conferências, parece-me absolutamente justificado.

É certo que toda conferência interna pode ser reduzida a uma prova de coragem. Aquele que coloca objeções em duas ocasiões em uma mesma manhã terá sua atuação anotada em sua ficha. Mesmo assim, a gente ainda deve dizer abertamente o que pensa? E com que frequência a gente pode se permitir esta coragem, sem colocar a carreira em jogo. Ou é melhor a gente se conter até que pelo menos um outro colega compartilhe a mesma opinião? Para muitos que pertencem à área de gerenciamento médio este é um problema constante, mas nas presidências e nos gabinetes também acontece o mesmo – quem chama a atenção pelas objeções é tido como não confiável e se arrisca a ser colocado na lista dos que estão com os dias contados. Por este motivo não posso aconselhar a ninguém que se torne um mártir, mas acho que qualquer empresa que exija de seus empregados uma coragem civil heroica, tão logo se inicie uma controvérsia, não está nada bem. Para mim o melhor parâmetro para um clima humanitário de trabalho é na medida em que aquilo que também é desagradável pode ser falado abertamente, isto é o sinal decisivo para aquele espaço em que não existe medo, do qual já falamos no terceiro capítulo. E este espaço não pode ser criado se a gente define o padrão mínimo de tratamento humanitário por decreto e se pratica o humanismo segundo regulamentos. A condição de estabelecimento deste espaço é a força de liderança das pessoas que têm seus reflexos de defesa e de ataque sob controle.

Nós todos somos dotados originalmente de tal forma que em situações críticas o alarme dispara antes que a razão entre em ação. E então tanto faz o quanto o motivo seja insignificante, não importa se a gente, por exemplo, está simplesmente chateada por não ter sugerido a solução decisiva no momento certo – logo a gente se sente como alguém que fracassou, rapidamente a insegurança cria um sentimento de medo inconsciente e sem demora nosso instinto primitivo de sobrevivência é acionado para o contra-ataque ou para a defesa. Como um reflexo, em fração de segundos. Eu conheço isto: em nosso meio alguns superiores se sentem rapidamente atacados, pressionados ou acuados, e mesmo para mim a sensação de intranquilidade, de aborrecimento não é de modo algum estranha, quando de um lado inesperado surge uma resistência. Para a maioria das pessoas o que há nisto é um emaranhado de vaidades, ambições, temores e ressentimentos pessoais, e, quando nossa autossegurança é ameaçada, existem apenas duas reações naturais: falar daquilo que aborrece ou se proteger; portanto, escolher entre ir para o canto dos ofendidos e o abrigo antiaéreo. Quem se decide pelo abrigo antiaéreo se fecha contra seus colaboradores e colegas, provavelmente se isola a si mesmo e de certa maneira procura reagir contra o resto do mundo. Isto conduz inevitavelmente a linhas de combate enrijecidas. Lembro-me de um caso destes em um de nossos mosteiros. Lá o abade cometeu o engano de falar pelos outros e de responder às críticas com uma teimosia autossoberana. Por este motivo a comunidade queria colocá-lo sob um controle mais forte e em todas as eleições votava, contra o desejo do abade, em candidatos que deviam se opor a ele. Assim o abade foi neutralizado, mas desta forma o mosteiro como um todo também foi neutralizado. Nada mais andava para frente ou para trás, o que gerou uma infinita frustração de ambos os lados. Por outro lado, vejo no canto dos ultrajados aqueles superiores que se refugiam nas formalidades quando existem conflitos. Que se tornam autoritários, que insistem em suas atribuições e competências, que reivindicam lealdade e obediência e possivelmente também exigem juramentos de lealdade e promessas de submissão. Acuados, eles criam uma área de proteção, um cordão de isolamento em torno de si mesmos, no qual ninguém pode penetrar, porque, após terem interiorizado sua vulnerabilidade, ninguém mais pode chegar perto deles. Isto também não adianta nada. Assim que nos escondemos atrás de suas autorizações, estamos perdidos. A pura autoridade da função é necessária para garantir um mínimo de capacidade funcional; no entanto, para alguém que se utiliza dela como último recurso, ela é tão proveitosa quanto a roupa nova do rei[1].

Portanto, em situações de crise ou de conflito existe apenas uma solução: nós temos de controlar nossos reflexos naturais. Isto significa que a própria vulnerabilidade não deve representar absolutamente mais nada para nós. Aqui nós retornamos mais uma vez ao problema central, do qual já nos ocupamos no segundo capítulo, ou seja, o receio por si próprio, aquele medo que nos faz lançar mão de estratégias irracionais de autoafirmação, que nos faz cegos para as necessidades do momento e inadequados para a liderança de pessoas. Como é possível superar este medo? Se nós não preferirmos a solução aparente do poder, que nos liberta da dependência dos outros, ao nos deixar insensíveis contra seus sentimentos e necessidades, então só nos resta a solução verdadeira de uma reversão interior, que nos liberta de dependência de nós mesmos ao nos fazer atentos, perspicazes e sensíveis às reações dos outros e às solicitações de nossa tarefa. Este caminho da reversão e da renúncia a si mesmo é, eu acho, aquele ao qual Irmã Rosanna se refere quando fala da arte de ser um líder. É o contínuo exercício de distanciar-se de si mesmo e de aproximar-se dos outros. A meta ao fim deste longo caminho seria a reconciliação consigo mesmo, e o resultado se chamará soberanidade.

---

1. Referência ao conto de fadas *Des Kaisers neue Kleider*, de Hans Christian Andersen [N.T.].

O que isto quer dizer? Eu definiria soberanidade como um todo, que se apresenta como modéstia. Como segurança, que se expressa em sensibilidade e compreensão. E como a liberdade interior de distinguir os interesses pessoais e servir ao objetivo. A soberanidade é exatamente o conceito central deste livro e basicamente daquela arte de liderar que não propaga o caminho do poder. A soberanidade nos permite reagir de maneira adequada em todas as situações, nas quais é necessária uma ação controlada; ela nos ajuda antes de tudo a decidir conflitos e a solucioná-los de tal modo que não haja insatisfação. Eu gostaria de mostrar agora algumas destas situações.

Basicamente, a autoridade de um superior dominante é por si só suficiente para evitar conflitos ou sufocá-los enquanto germinam, porque a autoridade tranquiliza e a presença de um caráter forte equilibra, antes que alguma coisa seja tramada. Com uma comunidade e com uma equipe ocorre o mesmo que com uma criança, que volta a se acalmar rapidamente assim que sente a presença da mãe em casa. Ela nem mesmo precisa vê-la. A presença de uma autoridade sempre transmite proteção – eu percebo isto também em nossos conventos. Quando o abade está presente, uma grande tranquilidade volta automaticamente.

No entanto, as reclamações, os cochichos, os murmúrios e os boatos nunca se deixarão extinguir. Com o tempo isto é prejudicial à comunidade; por este motivo Bento era bastante alérgico contra aquilo que ele chamava de comentários maliciosos. Os chefes têm duas possibilidades de lidar com isto.

Ou eles ignoram, quando se trata na verdade de uma revolta momentânea de descontentamento, por uma fofoca do dia, que se acalma rapidamente quanto menor for a importância que lhe dermos. Ou eles agem tão logo estes comentários cheguem aos seus ouvidos. É possível que os canais de comunicação normais estejam obstruídos, que as pessoas de fato coloquem questões justas – a única coisa que a gente pode censurar-lhes é que elas não procurem por aqueles que imediatamente poderiam fornecer esclarecimento, e que em vez disso admitam as suposições mais inverossímeis, produzam suspeitas e prenunciem o pior. Na primeira oportunidade, eu sempre interpelo o resmungão com as palavras: "A gente ouve dizer que..." – e logo a gente pode falar do assunto sem que alguém tenha de se sentir atacado.

A gente deveria prestar especial atenção à origem da desconfiança. Esta origem é muitas vezes difícil de localizar, e temos de desenvolver uma capacidade de intuir onde ela está germinando. Se a localizamos, não deveríamos hesitar em analisá-la, pois a desconfiança precisa ser eliminada antes que seja condensada em uma oposição concreta e antes que ela possa provocar uma crise de liderança. Nem sempre é fácil articular com habilidade e abordar a falta de confiança que paira livre, sem que ninguém entenda mal a iniciativa e a interprete como uma agressão. Eu tento evitar isto com frases iniciais, tais como: "Eu tenho a impressão de que nem todos estão de acordo..." ou "O assunto parece ainda não estar amadurecido". Em todo caso, é sempre possível que mesmo após um longo debate tenha restado um ponto ainda não esclarecido, que talvez ainda se intensifiquem animosidades que primeiro tenham de ser eliminadas, que até então a hora de uma decisão de fato ainda não tenha chegado. E quanto mais cedo um chefe estiver preparado para levar em consideração as causas objetivas de uma desconfiança, menor será o perigo de relacionar esta desconfiança à sua própria pessoa. Desta forma ele se poupa de confusões desnecessárias.

É claro que nós, enquanto chefes, devemos sempre considerar se é aconselhável atacar ou sensato ignorar, mas para isto não devemos nos deixar conduzir pela nossa comodidade ou mesmo pela nossa covardia. É simples não dar atenção às coisas, e é covarde permitir que os empregados fiquem jogando no computador durante o horário de expediente – nenhuma destas duas situações tem a ver com um clima humanitário. A humanidade do cotidiano de trabalho, assim como a autoridade do chefe, depende de que as regras não sejam questionadas ao bel-prazer. Para intuir quando a liberalidade ou a inflexibilidade é adequada é necessário ter coragem de falar claramente daquilo que temporariamente talvez comece a surgir apenas como clima ou como distúrbio. Se alguém de fato fracassou, além da coragem é necessário se utilizar também do autocontrole. O maior erro seria agora golpear todos os lados ou usar a oportunidade para um acerto de contas geral com o culpado ou os culpados. A principal regra neste caso é não acrescentar danos humanos aos danos causados à empresa. São Bento dava tanta importância a esta consideração, que ele a recomenda ao abade várias vezes, como por exemplo no capítulo 64 de sua regra, no qual está escrito: "Que ele saiba que deve auxiliar mais do que dominar. Com isto nós não queremos dizer que ele possa deixar que os erros proliferem, e sim que ele, pelo contrário, os elimine com sensatez e afeto, da maneira que segundo sua opinião seja possível auxiliar a alguém".

Ou seja, que a gente se resguarde de acabar moralmente como culpado – isto jamais compete a um superior. Que a gente se acautele também de revolver a história pregressa de um erro, e de querer buscar as causas de uma catástrofe desde seu início. O passado não tem fundamentalmente importância no momento da superação da crise. Somente a situação de partida interessa, a situação ocorrida, tão desagradável quanto possa ter sido. Já aconteceu. Agora o que importa é reconhecer os fatos, trabalhar a partir deles e não se lamentar com frases do tipo: "Bem, se isto ou aquilo não tivesse ocorrido..." – "esta história já é velha", eu digo então, "águas passadas". Queixar-se não ajuda nada. Agora apenas o que importa é encontrar uma saída desta confusão. Em resumo, há que haver uma grande quantidade de sobriedade e autocontrole para em uma situação de crise não se deter com recriminações ou com a busca das origens, e sim observar a situação de forma perspicaz. No entanto, tanta disciplina vale a pena. Eu agradeço a alguém da gerência superior de um banco um exemplo impressionante sobre isto:

"Eu vi muitas vezes", disse ele, "que um dirigente de uma filial havia sido responsável por um erro fundamental ou tivesse perdido um crédito. Então eu chamei o culpado, e juntos verificamos todas as possibilidades de salvar o que ainda era possível salvar. É claro que eu poderia ter coberto o homem de censuras. Eu poderia tê-lo queimado e enterrado sua carreira. Mas de que isto teria adiantado? Quando queremos fazer o melhor de uma história ruim, precisamos de alguém que possa pensar com clareza, e pessoas intimidadas não conseguem pensar claramente. Com este modo de agir eu não só salvei várias carreiras profissionais, como na maioria das vezes conseguimos consideravelmente colocar as coisas em ordem".

É pena que a assistência social individual e a preocupação com o todo não se deixem associar de forma tão harmônica em todos os casos quanto neste, e como líder a gente tem sempre de refletir até que ponto se pode fazer concessões a um único indivíduo sem alienar todos os outros ou atentar contra o bem da firma. É certo que todo empregado espera que sejamos justos com ele; como chefe, no entanto, nós precisamos saber que, sob determinadas condições, agimos de forma injusta contra todo o restante da equipe, quando se esforça por exercer uma justiça perfeita em um caso individual. Eu já precisei várias vezes recusar alguma coisa a um confrade somente porque de outra forma a comunidade seria colocada diante de um teste de resistência. Aliás, para Bento a consideração entre os interesses do indivíduo e da comunidade conduz aos mesmos resultados sutis semelhantes a sua orientação aos seus monges de após o retorno de uma viagem não relatar muito detalhadamente sobre suas experiências, porque isto atiçaria a inveja dos que ficaram e poderia transtornar a paz do mosteiro.

Até agora vimos que um bom instinto para detectar atmosferas, que a prudência no caso de um infortúnio, e que, além disso, também a coragem e o autocontrole representam um aspecto essencial de soberanidade. Estas virtudes são sempre naturalmente solicitadas no dia a dia de um chefe; no entanto, elas são regularmente colocadas à prova principalmente nas reuniões e nas conversas. Por esta razão, a seguir quero deter-me um pouco mais neste aspecto. Em primeiro lugar, sempre me lembro de uma das situações mais delicadas que vivi como abade primaz do Convento de Santa Otília, e que foi desencadeada justamente pelo meu velho prior.

Tratava-se da reforma da igreja de nossa abadia, o projeto mais dispendioso de minha gestão. Após muitos anos de planejamento, chegara o dia da reunião do convento, na qual deveria ser tomada a decisão, e minha maior preocupação era a de que a comunidade pudesse se dividir, porque mais ou menos o mesmo número de confrades havia se colocado a favor ou contra. De qualquer forma, eu sabia que meu prior estava do meu lado. Ao final da discussão, para meu alívio, a maioria se mostrou favorável ao planejamento elaborado, e eu queria iniciar a votação. Foi então que meu Prior Paulus tomou a palavra. "Bem", disse ele, "de fato eu também imaginei a reforma desta maneira. No entanto, entrementes, eu fui convencido de que o velho estado é o melhor. Por este motivo, acho que não deveríamos mudar nada". Eu fiquei totalmente surpreso.

O que fazer? Eu havia me acostumado a nunca reagir indignado às objeções ou balançar a cabeça em sinal de desagrado. Eu havia aprendido a ser grato, por sempre tomar conhecimento de objeções diretas nas reuniões. Eu havia tomado cuidado para que nenhum oponente tivesse de se esforçar para romper minhas linhas de defesa. E colecionei boas experiências ao ignorar fofocas e deixá-las sem efeito. Eu também havia me imposto como regra dar atenção até mesmo à pessoa mais presunçosa e também de me perguntar em relação ao mais obstinado opositor: "Qual é de fato o seu problema? Que tipo de necessidade de prestígio possivelmente se expressa aqui?" E, em todo caso, todos podiam esperar de mim uma resposta objetiva. Mas e agora? Como eu deveria reagir ao fato de que meu prior, no último momento, querer impedir um projeto tão importante com uma declaração sucinta? Contive-me e disse: "Padre prior, eu respeito sua opinião. Após todas as conversas nos últimos tempos, até eu tenho outra opinião. Mas se agora todos acham que o assunto ainda foi pouco discutido, estou disposto, com prazer, a recomeçar a discussão". Neste momento eu fui interrompido. "De jeito nenhum", gritaram os outros. "Os prós e os contras já foram discutidos há muito tempo. Agora é hora de votar!" Eu fiquei aliviado, olhei para meu prior. Ele pigarreou e disse: "Bem, se nós queremos realmente realizar a reforma, então é melhor que seja agora do que mais tarde. Porque no momento temos o dinheiro necessário.

Quem sabe se no futuro nós ainda o teremos". Senti-me outra uma vez aliviado de um grande peso. A reforma foi decidida. E meu prior participou fielmente dela.

Portanto, um dos efeitos da condução decisiva de uma discussão é, com alguma sorte, colocar os outros do seu lado, mesmo que eles absolutamente não compartilhem da opinião do superior. Oposições não objetivas e supérfluas aborrecem a todos, e nestas ocasiões todos observam muito bem o chefe, todos estão curiosos a respeito de sua reação, e muitos em sua defesa ficam furiosos quando ele mantém a calma. Então a gente pode recostar-se. O importante é não deixar que os outros percebam seu estado de espírito, pois antes de tudo um líder precisa parecer equilibrado diante do grupo; ele tem, para dizer bem claramente, de cuidar para que haja uma atmosfera pacífica, e por este motivo não pode dar nenhuma impressão de se esforçar para controlar-se e principalmente tem de colocar o próprio ponto de vista em discussão, assim como todos os outros. Desta forma ele cria um clima de imparcialidade, de encorajamento, de criatividade. Agora é possível debater e defender posições, sem correr o risco de se fazer moralmente ridículo ou de se envergonhar intelectualmente. Agora nós também podemos dizer, com confiança, que todo aquele que não consegue dominar sua hostilidade, sua necessidade de chamar a atenção sobre si mesmo, ou sua loquacidade, acaba por se ridicularizar.

Podemos supor que nas reuniões, no momento de sua atuação, muitos não estão absolutamente conscientes de seus motivos. Desse modo, eu deixo que os autoexibicionistas caminhem sozinhos, até que eles mesmos percebam, envergonhados, que foram longe demais. Uma afirmação seca relacionada estritamente ao assunto é suficiente para que muitas vezes eles se sintam apanhados, e no mesmo momento embaraçados por terem cedido à sua inclinação de chamar a atenção sobre si mesmos. Pessoas que simplesmente se mantêm sentadas e não dizem nada são muito maçantes para mim. Nunca sabemos o que esperar delas, se, em algum momento, sentem-se inseguras. O mais sensato é fazê-las falar. Eu falo com estas pessoas, as incentivo – em um tom interessado e de modo nenhum sarcástico –, e na maioria das vezes consigo transformar observadores mudos em verdadeiros participantes. Os mais desagradáveis são naturalmente os franco-atiradores e os sabotadores. E para dar conta de pessoas deste tipo é necessário conhecimento humano e astúcia, porque a gente tem de intuir suas ações, prever e entender no primeiro momento. É por isso que não podemos ser muito crédulos. A estratégia aqui é também não deixar que elas ajam, não dar importância, agradecer pelas contribuições originais ou simplesmente concordar. Este tipo de pessoa espera se deparar com uma resistência ardorosa ou simplesmente provocar confusão, e são desarmadas, quando em vez disto encontram concessões ou compreensão. Fazer exatamente aquilo que é a última coisa que um oponente esperaria é uma tática que eu já usava com sucesso desde o meu tempo de estudante. Naquela época, toda a classe havia combinado de contra-atacar as repreensões de nossos professores com uma aceitação sem objeções, ao invés de empregar tentativas de se justificar. Assim nossos professores enfurecidos sempre ouviam de nós: "Eu sinto muito, mas o senhor tem razão". Isto produzia um efeito semelhante ao de um furo em um pneu de automóvel – e era, é claro, uma maneira especialmente cruel de aniquilar com o professor...

Além disso, eu tive boas experiências ao colocar um moderador nas grandes reuniões. Uma medida simples, mas eficiente. De vez em quando eu também falo muito quando estou engajado, e então sou muito grato quando sou freado por um moderador. Para auxiliar o autocontrole existe ainda um outro método muito simples. Foi criado por Júlio César e consiste em contar até vinte antes de cada reação. Na velocidade que nosso cotidiano de trabalho se apresenta hoje em dia, provavelmente jamais chegaremos até vinte; no entanto, um retardamento consciente da reação em momentos críticos é basicamente o melhor método de evitar reações impensadas ou provocadas por reflexos. Deveríamos treinar isto. Muitos concluirão, então, que uma protelação consciente da reação não é nada fácil – tente apenas uma vez deixar transcorrer três segundos antes de cada palavra. Mesmo estes poucos segundos podem parecer metade de uma eternidade...

Como encerramento, uma confissão pessoal: eu quase não consigo imaginar que um líder seguro não seja uma pessoa bem-humorada. Eu considero o humor como um indício seguro de que a gente conseguiu ganhar a distância necessária de si mesma, e por este motivo só posso concordar com aquele abade que me disse há alguns anos: "Quando alguém quer ingressar em nosso convento, então eu observo antes de tudo se esta pessoa tem humor. A fé eu ainda posso lhe ensinar, se for necessário, mas o humor não". É incontestável que as pessoas bem-humoradas são as mais descontraídas, e por este motivo as melhores para ocupar a liderança, e em todo caso o bom humor é uma vantagem quando se trata de enfraquecer os argumentos dos outros. Eu gosto de relembrar minha experiência com um monge da velha escola em Roma. Foi na época em que eu ensinava no Mosteiro de Santo Anselmo. Aquele confrade, muito devoto, um pouco dissimulado, e por este motivo bastante obsequioso, foi o responsável, devido à sua falta de atenção, pelo furto de meu Fiat 127. Eu lhe disse claramente o que pensava disto, e por volta das vinte e duas horas estava sentado, lendo em meu quarto, vestido de maneira informal por causa do calor romano. De repente, alguém bate à porta. Talvez seja um estudante, pensei, e disse: "Entre!" A porta se abriu, e meu velho confrade devoto entrou no quarto com uma feição contrita, jogou-se ao chão e pediu minha bênção. Tudo bem, eu lhe dei a bênção e para mim o caso havia se encerrado. No entanto, na noite seguinte e também na outra a cena se repetiu. E quando ele na quarta noite mais uma vez atirou-se aos meus pés, foi o bastante. "Bem, meu querido confrade, disse eu: "agora o senhor ganhará uma punição. O senhor já foi perdoado há muito tempo, mas eu lhe proíbo de me perturbar em meu sagrado silêncio depois da prece noturna. Boa-noite!" A partir de então isto nunca mais aconteceu.

8
Abençoado seja quem pode distinguir um grão de areia de uma montanha

Sobre elogiar, criticar e motivar

Abade primaz Notker Wolf

Aconteceu durante uma viagem à América do Sul. Em um dos mosteiros o reitor de nossa escola me pediu à noite, após dia fatigante, que ainda visitasse o recém-reformado edifício das salas de aula. Mas eu não queria fazer isto. Eu estava cansado. Eu disse: "Por favor, poupe-me. Se você soubesse quantas escolas eu já vi durante minhas viagens... Estou certo de que você fez um bom trabalho". E contava com sua compreensão, pois nós éramos velhos amigos. Mais tarde, quando o encontrei em outras ocasiões, percebi que alguma coisa não estava em ordem. Ele continuava a ser gentil, mas diferente do que era antes. Durante três anos ele se esquivou de minhas perguntas, mas falou sobre o que acontecera. Eu o ferira em seu orgulho. O prédio reformado da escola não era para ele nenhum símbolo de *status*, mas sim um recomeço que ele realizara com suas próprias forças, e eu não me dispusera a reconhecer isto. Eu havia cometido um erro.

Quando alguém se esforçou, precisa de reconhecimento. Todos precisam de reconhecimento, não só o melhor amigo como também a pessoa mais arrogante. Eu deveria saber disto. Eu ainda me lembro muito bem como eu mesmo senti como encorajador o conforto de meu velho prior, no início de meu mandato como abade primaz. Antes de minha primeira viagem à África comentava-se no convento: "O novo abade viaja demais". Então meu prior me chamou de lado e disse: "Vá tranquilo. As pessoas de lá querem lhe conhecer". Isto fez bem. E quando um confrade após minha eleição duvidou de minhas qualificações, Prior Paulus respondeu apenas: "A eleição foi legítima, e Notker Wolf é nosso abade. Todo o resto é conversa fiada. Se como pessoa de liderança a gente também precisa que alguém nos apoie, quanto mais como subordinado! Por isto o próximo princípio de uma liderança inteligente é: um chefe precisa despertar seus comandados para ações corajosas, não apenas por meio de elogios, de reconhecimento e de aceitação, como também, quando for necessário, por meio de repreensão e crítica.

Querer tranquilidade e somente a contragosto abandonar a torre de marfim de seu conhecimento profissional é uma fraqueza das pessoas em posição de liderança. Mas a autoestima é transmitida através do diálogo. Por isto um chefe tem de se aproximar de seus subordinados, precisa estar no meio deles, precisa manter contato e manifestar um interesse por eles, que seja fundamentado profissionalmente e que também tenha um colorido pessoal. Em resumo: quem quer chefiar pessoas tem que dominar a arte de conduzir uma conversa. O elogio e a censura representam o clássico teste de aprovação desta arte.

Muito já foi dito sobre o quanto podemos alcançar por meio do elogio e do reconhecimento. Todo mundo também já deveria saber que empregados, cujos feitos são percebidos e apreciados, não olham para o relógio. Às forças de liderança, que mesmo assim têm dificuldade em expressar um elogio, eu gostaria de lembrar apenas uma coisa. Nada é mais motivador do que o elogio merecido, porque ele incentiva a satisfação com o trabalho. Os prêmios não fazem isto, eles são incentivos externos que em todo caso incentivam a autodisciplina e de resto são concedidos por um desempenho que a gente teria realizado de qualquer modo. Mas o elogio nos motiva para a tarefa que temos pela frente, porque reconhece o elogiado em sua singularidade. É quase impossível contribuir com algo maior para o fortalecimento da autoconfiança. Por isto, não aceite o natural como natural, mas antes o aprecie como resultado de uma capacidade individual especial. As pessoas não são robôs, e um chefe, que não sabe elogiar, deveria se perguntar se ele talvez não tenha perdido a relação com o seu trabalho e a alegria com a sua missão.

Difícil, muito mais difícil é aquilo que São Bento define como repreensão, ou seja, a censura e a crítica. Ao elogiar a gente tem que tomar cuidado para não cair no exagero, pois senão parecerá ironia e quase terá um efeito de desdenho; e também para não elogiar muito casualmente, pois soará como uma crítica disfarçada. Por outro lado, encontrar o tom certo na crítica exige uma imensa sensibilidade e um grande autocontrole, porque a crítica quase sempre é expressa em uma atmosfera tensa, e para aquele que é criticado há na maioria das vezes muito mais em jogo do que sua capacidade profissional no caso concreto. Por isto, na Regra de São Bento nada é explicado mais detalhadamente do que a repreensão, e o que ele diz a este respeito mais uma vez me comprova que o conhecimento humano não é uma aquisição de nossa era moderna e psicologicamente esclarecida.

Comecemos com o colega supersensível, com a colega que parece uma mimosa sensitiva, com as pessoas para as quais diante da menor divergência parece que o mundo logo se acabará, que se ofendem com qualquer coisa, que são obstinadas em permanecerem caladas e com as quais possivelmente devemos conviver em um mesmo escritório. Então, o que fazer quando o ar fica pesado ou as reclamações se acumulam? Eu receio que, neste caso, a única coisa que ajuda é conversar. Abordar o assunto e falar abertamente. Muitas vezes a gente nem mesmo sabe o que fez de errado. Quando tenho a impressão de que alguém não está satisfeito por algum motivo eu não espero até que esta pessoa toque no assunto por si mesma. Eu falo com ela – também e principalmente quando percebo que ela se ressente de algo que eu fiz. Quanto mais rápido uma pessoa supersensível se sente ofendida por causa de "grosserias" de outros, mais depressa também ela se sente arrependida diante de sua própria sensibilidade, e em conversas pacientes os mal-entendidos se deixam esclarecer, além do que estas conversas também oferecem a oportunidade de levantar o moral de uma pessoa frustrada. O requisito para isto é naturalmente termos resistido à tentação de convencer os empregados de nossa periculosidade por meio de nossa atuação costumeira. No entanto, uma coisa a gente não deveria fazer: insistir, quando alguém rejeita nossa oferta de diálogo. Permaneçamos discretos e não sejamos insistentes, mesmo que sejamos impulsionados pela intenção mais amigável. Não podemos e não devemos obrigar ninguém àquilo que desejamos, mas poderíamos e deveríamos tentar evitar o embaraço de alguém, se é a timidez que o impede de falar.

Agora, se um empregado cometeu um erro em um caso concreto, a crítica lhe é devida. Isto deveria ser compreensível por si mesmo, mas na maioria das vezes evidentemente não é. Em todo caso, foi o que me disse a funcionária de uma grande instituição: "O que muitos fazem errado, principalmente as mulheres, é não criticar. Elas não são consequentes. Sempre deixam passar os mesmos atrevimentos e infrações. Uma minoria tem a coragem de dizer alguma coisa, quase nenhuma faz valer a moral do trabalho, pois muitas não suportam se tornarem malquistas. A benevolência de seus funcionários é comprada por meio de um constante fechar de olhos". Nós ainda retornaremos a este problema mais adiante, mas por enquanto eu só queria acrescentar que no começo também tive dificuldade em dizer aos outros alguma coisa desagradável. Mas tive de aprender logo que com tolerância cega a gente não faz nenhum favor a ninguém. A indiferença é em todo caso uma afronta e sempre significa que a gente não leva o outro a sério, seja como pessoa, seja como força de trabalho. A isto se somam dois outros aspectos: a arte de liderar não tem mais utilidade para quem se desvia dos problemas em vez de buscar soluções. Cedo ou tarde esta pessoa estará em grande dificuldade, pois em todo canto haverá um problema e ela estará totalmente ocupada em limitar os danos. Além disso, a gente também não pode exigir que todos sofram prejuízos apenas para não causar dor a uma única pessoa. Isto é uma questão de justiça. Todos não podem sofrer por causa de um único indivíduo. Portanto, a crítica é compreensivelmente de interesse de todos os empregados e também da empresa, e por isto seria um grave erro de liderança se esquivar desta – muitas vezes incômoda – obrigação. No entanto, antes de criticar existe muita coisa a ponderar, tais como o motivo individual, a necessidade da crítica e seu efeito.

No que diz respeito à motivação para criticar é importante considerar que o próprio estado de ânimo, possivelmente revoltado, não é razão suficiente para criticar um subalterno. Que jamais se faça isto porque estamos magoados, nunca para transferir o próprio aborrecimento para um outro, mas sim fundamentalmente com a intenção de ajudá-lo e de servir ao propósito. A crítica tem de ter como meta a melhoria da situação, e não o alívio individual. Portanto, quando um chefe exclama: "Eu não vou me permitir isto!", então ele precisa se perguntar: Como assim *me*? Aqui o que importa não é a sua pessoa ou a sua paz espiritual! Trata-se daquele que cometeu o erro, e do projeto que por causa deste erro é questionado, nada mais. Portanto, não devemos de modo algum ceder à vontade de criticar simplesmente porque estamos pessoalmente decepcionados ou porque de qualquer forma observamos a pessoa com desconfiança e queremos lhe provar que ela não sabe nada. O motivo para uma crítica tem de ser claro, e a ocasião precisa ser fundamentada objetivamente. Por isto é preciso sempre perguntar: A crítica é realmente necessária?

Logo, é importante considerar quando a crítica é realmente apropriada. Eu pessoalmente sou fundamentalmente a favor da tolerância, na medida em que os erros se deixem esclarecer por meio de um dia que não correu bem ou por um engano. Tais adversidades são mencionadas brevemente e então são esquecidas com a observação de que "não é tão mau assim". Uma personalidade segura de liderança se ressalta pela serenidade. Ninguém deve ter medo dela. Ela não interpreta tudo de forma trágica, pode relevar muita coisa e apenas incomoda os outros quando existe realmente alguma coisa em jogo. A gente não precisa comentar sobre tudo, e aquele que está atrás de coisas sem importância se dispersa, perde a visão geral e só provoca confusão. Por isto Bento aconselha ao abade: "Que ele não seja impetuoso e nem temeroso, que não seja desmedido nem intolerante, não seja ciumento nem desconfiado, pois do contrário ele jamais terá paz". Muito verdadeiro. Nestas situações o verdadeiro desafio para todo dirigente consiste em distinguir entre coisas secundárias e essenciais, e aqui falamos de uma capacidade que representa um elemento imprescindível da soberania. Bento a chama de *discretio*.

Discretio designa a capacidade de avaliar uma situação do mesmo modo que as consequências de seus atos e de reconhecer relações e diferenças, ou seja, a virtude intelectual da distinção moderada. Bento a cita por duas vezes em um parágrafo pequeno do capítulo 64, em que está escrito: "Que o abade seja previdente e prudente. Que ele use sua capacidade de distinguir e conserve o comedimento. Que ele pense na decisão plena de moderação de São Jacó, que disse: 'Se eu forçar meus rebanhos a caminhar, todos os animais perecerão em um mesmo dia'. Que ele considere este e outros testemunhos da capacidade de distinguir, que é a mãe de todas as virtudes". De fato, as pessoas em posição de liderança precisam constantemente desta sutil capacidade de diferenciar, porque de outra maneira não estariam em condições de dar às coisas seu correto valor ou de avaliar se um conflito gira em torno do assunto em questão ou se não passa de um contra-ataque totalmente desnecessário. O abade primaz dos monges trapistas, o argentino Bernardo Olivera, encontrou para isto uma correta formulação lacônica e irônica: "Abençoado seja quem consegue distinguir um grão de areia de uma montanha".

E por fim se coloca a questão da forma mais objetiva de crítica. Trata-se aqui, em primeiro lugar, de resistir às diversas tentações que seguem o impulso natural de ter razão, como, por exemplo, atribuir intenções maliciosas aos outros, deixar-se envolver na discussão a respeito da culpa e argumentar psicológica e moralmente. Tudo isto não nos ajuda em nada em uma crise.

No que diz respeito à malícia, tendemos muito rapidamente – quando, por exemplo, em uma reunião somos bombardeados por tentativas de frustrar nosso projeto ou quando alguém nos desaponta – a presumir um ataque intencional à nossa pessoa e a pressentir a intenção maliciosa de testar nossa capacidade de manter a calma ou de nos expor. Não caiamos nesta armadilha! Nada há a ganhar com a suspeita da maldade, mas muito a perder – por um lado, porque movidos pela raiva nos deixamos estimular a uma observação enfurecida e com isto arruinamos o clima da conversa, por outro, porque estaríamos provavelmente cometendo uma injustiça contra nosso oponente. Além disto, neste mesmo momento perdemos o controle sobre qualquer discussão, porque as suposições, assim como tudo que a gente pega no ar, desenvolvem uma dinâmica individual fatal. É claro que podemos muito bem achar que um discurso seja um disparate, julgarmos uma apresentação totalmente incorreta, mas em todo caso deveríamos interpretar os motivos de quem os coloca como benignos, pois desta maneira nós conservamos a serenidade e não corremos o perigo de praticar uma injustiça contra alguém.

Eu previno também quanto a se deixar envolver na questão da culpa quando alguma coisa sai errada. Com isto nós faremos uma situação complicada se tornar ainda mais complicada. Toda recriminação feita por uma pessoa que detém a liderança pode ser entendida erradamente como condenação moral, com a consequência de que o culpado reaja indignado (e totalmente com razão), pois um chefe não tem o direito de fazer condenações morais. Para evitar qualquer mal-entendido a questão do culpado deveria ser deixada de lado, isto simplificaria muito o esclarecimento de uma adversidade. Da mesma forma também as atribuições de culpa dos funcionários entre si mesmos precisam ser naturalmente evitadas – seja porque elas apenas servem como válvula de escape para desejos de vingança, seja porque elas são somente expressão da incapacidade de encarar o próprio erro. Por este motivo eu tenho por princípio não me interessar em saber quem tem razão. Eventualmente podemos adiante voltar ao assunto para que um insucesso semelhante não aconteça uma segunda vez.

E mais uma coisa: como chefes nós devemos evitar incondicionalmente levar em conta o caráter de um funcionário para explicar sua falha. Dizer: "Você sempre foi assim. É evidente que você nunca aprende. Agora, mais uma vez isto se mostra" – é apenas uma maneira de expressar uma condenação moral. Pode até ser que o outro seja realmente assim. Porém, mesmo que alguém de fato, por causa de seu caráter, tenda a cometer determinados erros, este tipo de psicologia aplicada não traz nenhum benefício, porque a natureza de uma pessoa não se deixa modificar, e este tipo de reprovação dificulta desnecessariamente a solução do conflito. Isto sem levar em conta que é mais fácil para alguém aceitar uma crítica ou seguir um conselho quando sua personalidade não é questionada. Portanto, nós nunca deveríamos tomar um fracasso como motivo para tratar fundamentalmente do assunto – a não ser para uma crítica de ação posterior e em particular –, mas sim tratar cada caso como um caso individual. Mesmo após uma crítica concreta é necessário que esta pessoa possa continuar a acreditar em si mesma e em seu valor para o empreendimento.

No entanto, nunca poderemos evitar magoar fatalmente uma ou outra pessoa. Eu presencio diariamente aqui em Santo Anselmo, local onde convivem pessoas de quarenta países, o quanto alguém pode reagir sensivelmente à crítica. Certamente, alguns possuem "pele de elefante" e nada os derruba. Mas em geral ninguém deseja ouvir crítica, e se alguém não tem nenhuma distância de si mesmo, qualquer apreciação negativa basicamente se transforma em um questionamento pessoal. Alguns desmoronam imediatamente porque percebem a observação mais objetiva como um ataque a sua pessoa, e algumas vezes existem razões para isto que são quase impossíveis de compreender. Como ocorreu, por exemplo, com um de nossos estudantes africanos, a quem coube fazer a leitura durante a missa e que se esqueceu de elevar o microfone até sua altura. Por este motivo quase ninguém o entendeu. Posteriormente eu lhe chamei a atenção para este fato, bem cautelosamente, com palavras gentis, mas imediatamente ele ficou desesperado. Esta situação me fez pensar na história dos últimos trezentos anos – a escravidão, o colonialismo –, e então repentinamente qualquer observação não é mais inocente, toda palavra tem um peso e todo comentário crítico pode ser revestido de arrogância europeia. Em um mundo multicultural temos de considerar também este tipo de sensibilidade.

Porém, nós deveríamos perguntar a nós mesmos: Afinal, eu suporto crítica? Eu posso, por exemplo, aceitar, quando o outro me prova que eu não estava certo, que minhas reprimendas não eram absolutamente justas? Ou eu reajo transtornado e indignado? Para que o crítico não perca o respeito ele deveria seguir incondicionalmente uma regra: Cuidado com a escolha das palavras! Criticar sempre de forma que o outro não se sinta acuado, que ele sempre tenha a possibilidade de retificação, de justificação e de crítica contrária, pois a gente pode se enganar. Quem toma consciência disto modifica automática e totalmente seu estilo, sua postura, critica com reserva, e por isto desde o início age cautelosa e comedidamente. Ou seja, que a nossa crítica seja formulada com suficiente cuidado para que em qualquer momento seja possível retroceder e reconhecer: Tudo bem, eu me enganei. Refletir se eu também teria cometido o mesmo erro é de grande auxílio neste caso. Será que este homem, esta mulher, é realmente incapaz – ou aqui se somaram apenas um grande número de pequenos erros, pelos quais ele ou ela é apenas em parte responsável? Pessoas capazes também erram, mesmo nós. Por este motivo a gente jamais deve avançar imediatamente com a artilharia mais pesada, pois senão ao fim a gente possivelmente se colocará como um pregador de sermão incontrolável.

Após o que foi dito até agora, eu deveria me poupar de dizer que a gente nunca deve ofender um empregado. Mesmo assim eu falo disto, porque não raras vezes presenciei um chefe ofender realmente um funcionário. Obviamente havia sadismo em jogo. É claro que isto contradiz todas as regras fundamentais da liderança de pessoas. Todos merecem respeito, mesmo o maior fracassado, mesmo aquele de quem a gente tem de se separar. É claro que de vez em quando é possível haver uma explosão, isto melhora o clima, mas somente enquanto as duas pessoas dizem a verdade e não quando uma impõe sua verdade à outra. Mas, em todo caso, a gente conversa sobre um fracasso tão calmamente quanto possível, a respeito do que exatamente deu errado e por quê; muitas vezes aquele que é criticado já conhece a resposta há muito tempo e está mais ou menos arrependido. Portanto, é totalmente insensato pisar sobre ele; pelo contrário, a gente deveria procurar reconstruir sua autoconsciência danificada o mais rápido possível – e não se esquecer de medir a intensidade da crítica segundo a própria sensibilidade, e nunca segundo a gravidade do prejuízo causado.

Que não nos deixemos jamais nos irritar pela primeira reação de defesa. Como disse, ninguém anseia pela crítica, e no primeiro momento o processo anterior ao ato ainda é sentido muito intensamente como excitante autoafirmativo, para que possamos assumir uma distância crítica de seu ato. Porém, após a primeira reação segue-se a segunda; o trabalho interior de autoconscientização continua, e com a distância temporal cedo ou tarde chega-se à compreensão: Meu chefe não estava tão sem razão assim. Muita coisa depende do motivo. A gente aceita e evita muita coisa quando conhece o motivo de uma decisão e o acha compreensível. Em um contexto um tanto diferente, Bento também aconselha a não mandar ninguém embora sem um motivo. Se um monge procura o celeireiro de seu convento com um desejo insensato, escreve ele no capítulo 31 de sua regra, não o ofenda "por meio da indiferença, mas antes recuse sensatamente e com humildade seu pedido inadequado". Ou seja, de modo algum com um não categórico. O solicitante tem de entender por que seu pedido foi recusado. O próprio respeito que um deve ao outro exige que se tenha compreensão com aquele que tem de aceitar uma derrota. Isto sem contar que desta forma a gente atinge melhores resultados. Lembro-me de que uma vez um confrade me devolveu o rascunho de um artigo com as palavras: "Você tem de escrever alguma coisa nova. Assim não está bom". Eu fiquei consternado, até que ele acrescentou o motivo: "Na realidade, você é muito mais otimista do que seu artigo permite supor. Isto aqui não é absolutamente o seu jeito". Está certo, eu pensei, depois de ter lido o artigo mais uma vez – e fiquei muito contente que ele não tenha sido publicado na forma em que estava.

A propósito – até onde eu sei –, existem quatro métodos de desativar potencialmente a defesa inicial. O primeiro consiste em agir como um bom treinador e apenas observar: "Você pode fazer melhor, você já forneceu contribuições muito mais perfeitas. Ou então também reconhecer progressos e dizer: "Tente mais uma vez. Já está muito melhor, mas você ainda tem mais a oferecer". Criticar por meio de um elogio é a melhor estratégia contra a falta de confiança fundamental, e uma crítica positiva e encorajadora também pode se servir da bajulação, como por exemplo: "Esta é exatamente a tarefa certa para você. Em minha opinião você é o homem certo, ou a mulher certa para este trabalho. Eu confio em você".

A segunda possibilidade seria simplesmente lembrar aquilo que um colaborador ignorou ou esqueceu. Aos meus colaboradores, por exemplo, eu peço simplesmente que concluam isto ou aquilo, muito embora eu na verdade talvez tivesse vontade de perguntar irritado: "Puxa, por que isto ainda não foi feito?"

O terceiro caminho consiste em abordar o responsável em sua honra profissional e dizer: "Ei, isto está muito pobre, e principalmente não é nada profissional". Deste modo aquele que é criticado quase não pensará em presumir um ataque pessoal, e fará de tudo para apresentar uma prova contrária. Afinal, quem não quer ser profissional?

E o quarto método é levar o responsável a falar por si mesmo de seu erro. "Eu chamo a pessoa e começo a conversa muito gentilmente, com perguntas pessoais", disse-me um chefe que, com sua maneira de proceder, também teve as melhores experiências mesmo nos casos delicados. Então eu lhe faço perguntas que lhe dizem respeito e também ao seu trabalho, e por meio de perguntas precisas o levo a falar de suas fraquezas e expor sinceramente seus problemas. É claro que para isto é necessário haver uma confiança básica. O outro somente se abrirá quando estiver seguro de que eu não vou repreendê-lo asperamente. Eu acho que neste último procedimento reside a verdadeira missão de um chefe, que é a de ser um catalisador. Pois desta maneira ele não apenas auxilia a pessoa em questão a ter a necessária compreensão, como também lhe facilita encontrar por si mesma a solução para seu problema.

O que mais haveria para considerar dentro deste contexto? Ainda muito. O tema deste capítulo é inesgotável, pois se trata da tarefa central de um dirigente, ou seja, da tarefa de animar, de motivar e de mostrar a direção, ou, como Bento dizia, aconselhar.

Mas eu gostaria de falar de dois erros populares. O primeiro consiste na tentativa de neutralizar uma crise por meio da tutela. É comum após um escândalo ocorrer que a direção de um departamento, ou de uma empresa, atraia para si mesmo tarefas e competências, com a suposição de que desta maneira poderá evitar catástrofes semelhantes. Isto é errado. Porque de um lado a liderança sobrecarrega a si mesma, e por outro ela frustra os funcionários envolvidos, pois desta forma lhes é negada a chance de reabilitação. Por este motivo eu advirto contra o engano disseminado de evitar que erros aconteçam ao manter seus funcionários sob controle.

O segundo erro é confundir *o deixar acontecer* com um estilo humano e seguro de liderança. É claro – a censura e a crítica não podem causar nenhum aborrecimento; o crítico tem de se preocupar constantemente em não provocar nenhum sentimento de desagrado. Por fim, um superior deve se mostrar conciliador em todas as situações, mas em nenhum momento ele deve temer a crítica quando esta é necessária. Erros graves têm de ser criticados imediatamente, pois de outra forma se tornam um mau costume, porque de maneira imperceptível se transformam em hábitos, mesmo que seja porque qualquer um acredita que não poderia ser tão trágico. E quem não entende indicações delicadas ou não as quer entender, quem também não reage a avisos categóricos, tem de arcar com as consequências, a gente tem de deixar esta pessoa trilhar seu infortúnio. Um chefe não pode eximir seu pessoal da própria responsabilidade, e uma atmosfera aconchegante e agradável no local de trabalho, da mesma forma que uma tutela autoritária, conduz certamente à incapacitação dos funcionários.

Para finalizar, eu gostaria de citar um longo parágrafo do capítulo de Bento sobre a repreensão, no qual dois pontos sempre me fascinam especialmente: o quão sutil Bento distingue entre o homem e seu ato e quão consequente ele associa indulgência e compreensão com falta de compromisso no que diz respeito às regras elementares da vida monástica.

Quando aqui em alguns pontos ele emprega tons mais fortes é porque Bento em seu convento não tinha de lidar apenas com cordeirinhos inocentes. Nós precisamos pensar nos contrastes sociais e culturais que se colidiam em seu ambiente, em uma comunidade que era constituída tanto de ex-escravos como de filhos de patrícios das famílias mais nobres de Roma, tanto de padres italianos como de germânicos, de monges confirmados assim como dos suspeitos notórios, os padres com sua arrogância. Ao ler a regra a gente de vez em quando tem a impressão de que até então em sua comunidade as coisas deveriam andar bastante turbulentas. Bem, em todo caso, é isto que Bento aconselha ao abade:

"Que ele se deixe guiar pelo sentimento para o momento certo e associe austeridade com bom encorajamento. Que ele demonstre a sinceridade firme do mestre e a bondade amorosa do pai. Ele tem de repreender mais duramente aqueles que não conhecem nenhuma disciplina e que não dão sossego; para o progresso do bem, que ele encoraje a todos que são obedientes, dóceis e pacientes; ele deve repreender severamente e punir aqueles que são negligentes e recalcitrantes" (do 2º capítulo). "O abade tem de tratar dos irmãos que se perdem com grande cuidado, pois não são os saudáveis que precisam do médico e sim os doentes. Por este motivo o abade tem de proceder em todos os sentidos como um médico sábio (do 27º capítulo). "Que ele odeie os erros e ame os irmãos. Porém, se ele tiver de repreender, que atue com inteligência e nunca exagere; pois, do contrário, ao querer raspar a ferrugem de modo muito forte o vasilhame pode se partir. Que ele sempre leve em conta sua própria fragilidade. Que ele se lembre que não é possível quebrar um galho torto. Com isto não queremos dizer que possa deixar os erros proliferarem, mas sim que ele os elimine de forma inteligente e gentil, da maneira que julgue conveniente para auxiliar a cada um [...] que ele procure ser mais amado do que temido" (do 64º capítulo).

9
Uma cultura de duas vozes

Um discurso por um estilo feminino de liderança

Irmã Enrica Rosanna

As mulheres lideram diferente dos homens? Elas se comportam diferente dos homens em situações de conflito? Eu acredito que as mulheres *sejam* diferentes dos homens. Por isto elas podem e deveriam também, em posições de liderança, falar com uma própria e inconfundível linguagem feminina. Esta é a minha preocupação prioritária. Se nós mulheres quisermos ser um enriquecimento da humanidade, então também temos de levar à valorização de nossas diferenças em todas as áreas, então nós precisamos – com outras palavras – almejar uma cultura de duas vozes.

Mas em primeiro lugar eu gostaria de dizer que para o meu trabalho, para o meu estilo de trabalho, para minha maneira de lidar com meus colaboradores, nunca foi importante se eu tive de tratar com mulheres ou com homens. Aqui no Vaticano, por exemplo, estou rodeada de homens, mas isto não me incomoda nem um pouco, não influi no meu comportamento de forma alguma. Não me apresento diante de bispos e de cardeais de maneira diversa da que me colocava antigamente diante de minhas colegas e de meus colegas na universidade ou na política. Isto pode ser explicado pelo fato de que, para mim, no local de trabalho, nem a posição social nem o sexo têm importância. O que conta é a pessoa, nada mais. É possível que até o momento alguns homens tenham tido problemas comigo, que eles primeiro tenham tido a inclinação de me subestimar, mas segundo minha experiência esta predisposição muda rapidamente. Enquanto a gente se comportar naturalmente, não atuar de forma tensa e não esperar nenhuma vantagem por ser do sexo feminino, os homens reconhecerão geralmente a autoridade de uma mulher.

Não obstante, as mulheres deveriam e poderiam exercer sua autoridade diferentemente dos homens, pois as mulheres possuem uma riqueza própria. Antigamente esta riqueza era vista como um tesouro privado, que não tinha nada a fazer na sociedade e na política. Hoje, no entanto, nós mulheres reconhecemos nesta riqueza uma vocação que não se limita a uma determinada área da sociedade, mas se refere à humanidade como um todo. Por este motivo também precisam existir diferenças no estilo de liderança das mulheres e dos homens. Eu sei que na prática estas diferenças muitas vezes quase não são perceptíveis, porque muitas mulheres simplesmente copiam o padrão comportamental masculino, na suposição de que têm de atuar da mesma maneira forte e autoritária empregada pelos homens. Por medo de não conquistar nenhum respeito, a maioria perde a oportunidade de desenvolver seu próprio estilo de liderança. Eu acho isto errado, porque nossa tarefa como mulher consiste em atingir uma cultura dos dois gêneros a partir das verdades biológicas sobre os dois sexos. Por este motivo eu gostaria de esclarecer a seguir o que entendo com isto.

Quando digo que mulheres em posição de liderança têm de desenvolver suas próprias forças e aprofundar aquilo que, baseado em sua natureza, está presente mais do que nos homens, então eu falo em primeiro lugar do talento, de aceitar com solicitude as pessoas e as coisas que lhes são confiadas. Se considerarmos a história da humanidade, este desvelo se revela como um elemento essencial da identidade feminina. Desde sempre foi de competência das mulheres defender o valor da vida contra outros valores oriundos da cultura masculina como trabalho, poder, sucesso ou lucro, e eu creio que a cultura feminina do zelo representa uma fonte de força ética, política e cultural, que no futuro tornará o trabalho conjunto dos dois sexos muito mais frutífero – sob a condição de que elas assumam em nossa hierarquia de valores o lugar que lhes compete por seu significado.

O cuidado feminino pode se expressar de quatro maneiras, e existem inúmeros exemplos para isto. Madre Teresa nos mostrou por meio de sua dedicação aos miseráveis como a gente pode mudar o mundo ao cuidar dos abandonados e dos ignorados. Mônica de Tagaste (331-387), a mãe do grande Doutor da Igreja Santo Agostinho, indicou-nos como a gente recebe os jovens e os educa na consciência de sua responsabilidade. Catarina de Sena (1347-1380) e Brígida da Suécia (1303-1373) são exemplos de como a gente deveria defender a paz, ou seja, com o espírito do cuidado afetuoso com aquelas pessoas que são atingidas por conflitos e lutas pelo poder. Catarina teve uma intensa troca de correspondência com dignitários da Igreja e da política e intermediou o conflito entre o papa e os poderosos mundanos da Itália; Brígida também se esforçou pelo acordo de paz na guerra entre a França e a Inglaterra. Este mesmo zelo é a arte feminina de governar, e não foi nenhum elogio de ocasião quando Madre Teresa, diante da ONU, foi apresentada como a mulher mais poderosa do mundo. Pelo contrário, esta formulação significava o reconhecimento daquilo que na verdade deveria ser o poder, ou seja, um serviço ao bem comum, à sociedade.

E este cuidado é uma força feminina porque está intimamente associado à maternidade, à diferença fundamental entre mulher e homem. Examinemos mais uma vez o que a relação entre uma mãe e um filho em seu colo significa. É uma relação em que a união e a liberdade se encontram. A união surge do fato de que os dois formam uma unidade, e a liberdade está fundamentada na experiência simultânea de que mãe e filho existem como indivíduos. Em vista deste fato biológico, em minha opinião cabe às mulheres em posição de liderança a tarefa de provocar a união e ao mesmo tempo criar um clima de liberdade para que cada um desenvolva sua identidade e possa encontrar a si mesmo. Portanto, elas deveriam auxiliar as pessoas, com as quais lidam, a desenvolver uma ideia clara de sua individualidade sem atrofiar o sentimento da igualdade de todos os homens.

Outra potência feminina consiste em respeitar limites e entender as limitações em seu sentido e em sua necessidade. Esta é uma capacidade muito importante, porque tanto na vida social quanto na vida privada as relações somente são duradouras quando todos os envolvidos estão dispostos a reconhecer os limites e aceitar as limitações. E este respeito pelos limites também está relacionado à natureza feminina; ou seja, ele se baseia na experiência de que a gente como mulher não é fértil o tempo todo, que momentos de fecundidade se alternam com fases de infecundidade. Por isto, nós mulheres compreendemos melhor que os sucessos não podem ser atingidos apenas com dinâmica arrojada, mas que também são devidos a fases de pausa, de reflexão e de serenidade.

E a terceira força feminina é a capacidade de pensar a dor e a alegria em um contexto. Isto fortalece bastante a nós mulheres em nossa disposição de suportar a dor. Aos homens falta a experiência, na qual a dor de um parto se mistura com a alegria pelo recém-nascido. Como chefes, nós podemos tirar infinitas vantagens desta compreensão profunda da relação entre dor e felicidade, morte e vida, conflito e paz, porque com isto penetramos no mistério das sementes que caem no solo e têm de morrer antes de frutificar. Estas três capacidades propriamente femininas precisam, em minha opinião, serem valorizadas pelas mulheres na vida social e em sua maneira de liderar pessoas, ou seja: elas terão sucesso em desenvolver uma cultura feminina de liderança se elas criarem união sem prender as pessoas a si mesmas quando levarem em consideração e acentuarem os limites da vida conjunta e também os do trabalho conjunto, e quando elas em situações difíceis se conscientizarem de que a dor pode gerar contentamento. Desta forma a gente poderia alcançar uma nova cultura de poder, que se compreenda como a serviço da pessoa e da comunidade.

No entanto, eu não creio que por meio destas qualidades de caráter as mulheres possam ser colocadas na posição de resolver conflitos mais facilmente do que os homens. Isto também não corresponde à minha experiência. O que eu, em contrapartida, vejo muito bem, é sua aptidão para um realismo sóbrio em situações tensas ou conflituosas. Dentro deste contexto eu gostaria de citar o exemplo da rainha inglesa Elisabeth II, que durante sua educação teve uma formação austera e que certa vez ouviu de sua educadora: "Tudo aquilo que a gente quer, a gente pode alcançar". Ao que a pequena Elisabeth perguntou: "A gente também pode espremer outra vez a pasta de dentes para dentro do tubo?"

Esta atitude feminina diante da realidade é algumas vezes talvez menos carregada de ideias exageradas a respeito do próprio significado e grandeza do que a atitude masculina diante da mesma realidade, e em todo caso, em situações de crise, este realismo não é prejudicial. A propósito, eu vejo fundamentalmente como missão da mulher resistir aos antagonismos e principalmente evitar a formação de contraposições, assim como solucionar as contradições. Isto é muito mais importante em nossa época de fragmentação, de divisão; a gente não precisa de ainda mais pedaços partidos, após já havermos perdido o centro e estarmos rodeados por soluções aparentes.

Entretanto, eu sei que, a partir de muitas discussões, as feministas negam a realidade de capacidades e qualificações específicas do gênero e afirmam a semelhança plena da natureza masculina e feminina, até chegar à tese de que seria impossível definir os dois. Este modo de pensar prova apenas o pouco que elas sabem a respeito do que significa ser um homem ou uma mulher. Eu sempre aconselho a estas mulheres a analisar esta questão bem a fundo, a se ocupar seriamente com as diferenças de gênero, e algumas vezes consigo tranquilizar um pouco também às mais fervorosas dentre elas. Sim, eu posso entender que elas achem a total igualdade um recurso, que parece lhes ser recomendado por suas experiências más. Mas o radicalismo é sempre infrutífero. Em nossa convivência com os gêneros nós também temos de almejar aquilo que seja útil e ajude a todos, conduzindo à união. Uma total oposição destrói aquilo que pretende proteger e manter.

Parece-me que, mesmo abstraindo o feminismo radical, existe no relacionamento das mulheres com os homens também uma certa tendência a extremos, como se somente fosse possível considerar a total submissão ou a insubordinação descomprometida. Quando eu penso em minha mãe... Na minha família, por exemplo, tudo que meu pai dissesse era sacrossanto para minha mãe. Minha irmã, pelo contrário, comanda em sua família, e meu cunhado obedece. No entanto, quando a gente se ocupa da questão das mulheres e observa o desenvolvimento do feminismo, chegamos a um resultado semelhante. Isto ocorreu em três fases, desde a submissão ao homem desprovida de crítica até a rejeição de tudo que foi construído pelo homem e chega à revolução contra ele próprio. O quanto esta radicalização é tola foi neste meio-tempo percebido até mesmo por Betty Friedan, uma das mais combativas feministas, que em suas últimas publicações corrigiu diversas de suas posições anteriores.

Se considerarmos com sobriedade a realidade dos gêneros, precisaremos, como eu acho, também rejeitar algumas coisas que hoje, muito além dos círculos femininos, ainda são consideradas como certas. Uma destas coisas é a cota de mulheres no emprego, a proteção das mulheres somente porque elas são mulheres. Em minha opinião, deve progredir quem que é capaz de alguma coisa, não importa se homem ou mulher – o gênero não pode em hipótese alguma compensar a incompetência. Se um homem em determinada área é mais apto do que uma mulher, então ele deve ocupar esta área. Da mesma forma não deveríamos falar tão levianamente de discriminação, onde a crítica apenas atenta contra maneiras modernas de pensar. A discriminação existe, de fato, em forma de desfavorecimento econômico e de opressão política, mas a crítica não se situa neste conceito. Quando a crítica que não é bem-vinda é evitada com o argumento da discriminação, a gente perde todo e qualquer padrão de avaliação e comparação. Existem valores objetivos, existem discernimentos sensatos e existem bons princípios, em nome dos quais exercer a crítica não é apenas um direito meu, como também muitas vezes minha obrigação. O exercício da crítica deve ser desprezado apenas porque contradiz o espírito da época?

Eu aconselho às pessoas que em seu radicalismo vão muito além, que acham a contradição insuportável, o mesmo que aconselho às feministas: Fiquem calmas. Reflitam sobre suas posições mais uma vez, estudem os problemas a fundo. E permitam que se crie um modelo para discussão, que descarte a total semelhança do homem e da mulher e ajude a voz da mulher a se fazer ouvir, para que não apenas na vida privada, mas também no mundo profissional, seja possível chegar a um frutífero relacionamento de troca entre os dois sexos. E reflitam, ainda, que o estudo da identidade feminina também coloca em questão a identidade masculina – o que segundo minha opinião é a condição para uma verdadeira cultura de duas vozes.

10
A mentalidade de proteção

Sobre coragem e covardia no cotidiano de organizações

Abade primaz Notker Wolf

Raras vezes eu iniciei projetos totalmente novos e desenvolvi estratégias pessoais. Para isto me falta simplesmente tempo. A fundação do primeiro mosteiro beneditino nas Filipinas pertence a uma das poucas exceções; de fato isto foi uma ruptura, ou seja, uma evasão de nossas regiões missionárias tradicionais. Eu queria criar este convento, tinha interesse pessoal, e o realizei contra uma resistência considerável.

Naquela ocasião nossos conventos na África protestaram com muita veemência. "Nós nos encontramos em uma péssima situação, precisamos de todos os homens aqui", eu tive de ouvir, "e vocês iniciam algo novo nas Filipinas? Vocês enlouqueceram?" Eu estava seguro do que queria, mas também me perguntei de onde nós deveríamos tirar os monges europeus experientes para a construção. Além disso, a fundação de um novo convento significa sempre um encargo adicional para a abadia-matriz; no começo a gente tem de cuidar dele de forma intensa, tem de ficar em contato constante e voar de lá para cá, nada diferente quando um conglomerado abre uma filial no exterior. Os confrades da comunidade de fundação começaram do zero, em um país estrangeiro, em uma cultura desconhecida, ainda não dominavam o idioma, mas mesmo assim tiveram de lidar com as autoridades, e o isolamento também lhes trazia dificuldades, e, além disso, ainda se colocava a questão receosa: "Será que algum filipino entrará para o mosteiro?" É compreensível que naquela ocasião muitos pensassem: "Isto jamais dará certo". Mesmo assim nós fomos bem-sucedidos, e os filipinos nos deram o sinal para novas fundações, na Índia, em Togo, em Uganda e no Congo.

Arriscar o novo requer visão e também habilidade organizatória. Porém, antes de tudo, exige coragem. Seja em uma Ordem ou na área de gerenciamento – para cada passo em direção àquilo que é incerto é preciso exigir de si mesmo e dos outros uma mudança de posição, uma reorganização, precisa aceitar riscos, tem de superar resistências e combater a inércia. Todos, não importa a tarefa que exerçam, seja em uma empresa artesanal ou em um grande conglomerado, são expostos a uma dinâmica crescente e angustiante para alguns, e neste contexto a cultura da liderança se deixa basicamente descrever como uma cultura da coragem. E não são apenas as grandes ações que exigem coragem. Estar preparado para mudanças significa em primeiro lugar dar conta no cotidiano de trabalho de constantes situações de mudança, confrontar-se diariamente com coisas imprevistas e tomar decisões cujas consequências não podem ser vistas até o fim ou não podem ser absolutamente previstas. E com isto nos deparamos repetidamente com manifestações de incapacidade, um superior se mostra possivelmente amedrontado para identificar pessoas covardes, ou como alguém que possui determinação.

Os dirigentes devem ter o dom da ousadia e a coragem de assumir a responsabilidade, mesmo diante de decisões difíceis e impopulares, e também de fazer o que é correto. Contudo, esta coragem pode se revelar de maneiras bem diversas: não necessariamente como disposição para o risco, mas sim como segurança, como inabalabilidade, como consequência – em outras palavras: como determinação. Em minha opinião, a coragem já se inicia no ponto em que a gente não se deixa pressionar moralmente. De vez em quando, por exemplo, vivo situações de discussão nas quais eu ouço como objeção: "Como é que o senhor pode colocar este tipo de exigência, na qualidade de um homem de Deus? Onde está seu amor cristão ao próximo?" Outros, que estão insatisfeitos com alguma decisão minha, queixam-se pateticamente sobre minha crueldade, conjuram o abismo em que cairei, ou até ameaçam fazer algo contra si mesmos. Eu reajo a este tipo de apelo à minha consciência, dependendo do apelo, de forma bem sóbria ou irônica, levo a sério a pessoa em questão, até mais a sério do que ela própria, e digo então: "Por favor, se você quer se matar, eu não vou impedir. Eu sentiria muito, mas isto é um problema teu". Não, este tipo de tentativa de chantagem não deve nos embaraçar. Nós não podemos assumir a responsabilidade sobre tudo, e aquele que se empenha por tudo, que se atira a tudo e relaciona tudo a si mesmo, destrói-se mentalmente. O mesmo se aplica às pessoas, que não podem se escusar de nenhuma obrigação, àquelas que são muito temerosas, que sempre têm medo de ser desagradável em qualquer lugar, e que por tantos sentimentos de culpa não encontram nenhuma paz até que tudo tenha sido esclarecido, explicado e resolvido. Nós exigimos demais de nós mesmos e também dos outros por meio de remorsos escrupulosos. Um superior não é nenhum tio bonzinho e também nenhuma governanta, ele também não deve dar importância às coisas menos dramáticas.

Esta autoconfiante serenidade gera crédito. Mesmo com toda a disposição para assumir os erros, como força de liderança nós devemos evitar dar a impressão de insegurança ou medo. E esta impressão surge quando começamos com justificativas ou defesas, antes mesmo que uma reprovação tenha sido feita. Autodefesa antecipada, assim como contra-ataques preventivos, levam sempre à conclusão de fraqueza da própria posição ou da personalidade individual. Portanto, nunca se justifique ou se explique para se antecipar à crítica de alguém – pois, ao invés de desencorajá-lo, com isto nós só lhe fornecemos mais estímulo e despertamos a suspeita de que teríamos realmente algo a esconder. Da mesma forma, é um sinal de fraqueza descrever circunstâncias de maneira muito complexa e confusa, começar a filosofar quando se trata de banalidades, escrever um artigo reflexivo de vinte páginas para apoiar um argumento trivial. Com reações assim nós demonstramos obviamente que não confiamos em nossa própria força de persuasão – do mesmo modo que no já citado caso, em que o aconselhamento de especialistas ou as análises científicas têm de fornecer razões para uma decisão, que a saudável razão humana não teria decidido de forma diferente.

Portanto, diga o que tem a dizer de forma sucinta e clara. E diga isto em seu idioma. É certo que em nossos dias palavras em inglês são muito empregadas no jargão econômico, e que este uso tem muitas vantagens: Soa dinâmico, e isto é o que todos os gerentes preferem ser. Empresta-lhes a aura daqueles que possuem a fórmula mágica. Identifica-os como membros de uma elite atuante internacionalmente. E ninguém percebe que eles não são melhores do que os outros. Existe apenas uma desvantagem: os funcionários, os acionistas e os clientes não entendem muito bem o que se quer dizer com "Newplacement", "Quality Gates" ou "Impression Management". E esta bem poderia ser uma razão para, apesar de tudo, ter a coragem de falar o seu idioma.

É claro que existem situações nas quais a coragem e a covardia ainda são mais evidentes. A determinação de um chefe se mostra principalmente nos casos de decisões que implicam demissão. Mesmo que neste meio-tempo já não seja incomum pronunciar demissões por SMS, ou enviá-las por e-mail, nós apenas podemos dizer que isto atesta a pobreza da direção da empresa. Quem age desta maneira adiciona humilhação à infelicidade daquele que foi demitido, por covardia, o que, aliás, não aborrecerá menos àqueles que permanecem no emprego do que quem o perdeu. Estes métodos prejudicam certamente também a paz no ambiente de trabalho, deixam os empregados inseguros, fomentam a desconfiança, e por este motivo não são apenas reprováveis, mas também insensatos.

Portanto, as demissões devem ser sempre comunicadas em uma conversa pessoal. Eu sei o quanto isto é difícil para muitos chefes de pessoal, quantos passam noites insones por este motivo. A coragem é sempre parte integrante disto – a não ser que a gente pertença ao grupo dos saneadores que, com um sorriso frio, demitem centenas e milhares de empregados. Mas nós podemos facilitar um pouco as coisas para nós mesmos e amenizar a angústia daqueles que serão demitidos quando executamos a demissão com o necessário respeito pela dignidade do outro. Por isto meu conselho é: quando existem motivos econômicos para a demissão, durante a conversa, o chefe de pessoal deveria deixar claro que a demissão para ele não é nada fácil; desta forma ele poupa ao demitido a humilhação de se sentir dispensável também como pessoa. Ao mesmo tempo ele deveria fazer-lhe compreender tanto quanto possível, porque esta era a única decisão a ser tomada para que se torne claro: não estamos aqui para realizar um jogo cruel, de fato a situação atual torna esta medida inevitável. Em todo caso, o chefe de pessoal tem de chegar sem rodeios ao ponto, pois quem foi chamado até ele intui de qualquer forma que sua hora chegou. A gente não deveria aumentar o tormento desta pessoa, deixando-a flutuar entre a esperança e o receio. A falta de consideração é com toda certeza o método errado, mas palavras claras são apropriadas para que seja totalmente compreensível que a demissão não possui nenhuma motivação pessoal.

Mesmo assim, aquele que foi demitido se perguntará por que exatamente ele tinha de ser o escolhido. Ninguém pode lhe oferecer uma desculpa para a dor do "exatamente eu", e alguns acreditarão, apesar de todas as afirmações ao contrário, que eles caíram em desgraça. Um chefe de pessoal inteligente entende que isto acontece por autodefesa. Muitos precisam ter a ilusão de serem vítimas de animosidades pessoais, porque não querem ver a si mesmos como fracassados. Eu também sempre vivencio situações nas quais as pessoas preferem entender uma substituição ou destituição como uma agressão pessoal, a aceitar as razões objetivas que eu lhes apresentei repetidas vezes. Como chefes nós temos de suportar isto, é humanamente compreensível. Mesmo que custe menos sacrifício dispensar alguém que não desempenhou o esperado em sua posição, a conversa com esta pessoa também requer coragem. Neste caso ainda é mais difícil permanecer humano e não deixar transparecer nenhum indício de desprezo, e mesmo neste caso nós deveríamos tentar fazer com que a decisão seja compreendida pela pessoa atingida. A reflexão a seguir poderia facilitar a argumentação do chefe de pessoal: Ao lado do aspecto econômico interno da empresa, também pesa o problema da equidade diante dos outros funcionários. Aquele que é demitido sempre se sentirá tratado injustamente; mas como chefe a gente tem de considerar que todos os outros, que sofrem por causa de alguém que não cumpre suas tarefas, também têm direito à justiça. Pois o que significa para o grupo quando esta pessoa não apresenta desempenho? Que todos os outros trabalham mais ou tenham de presenciar como o projeto comum é posto em perigo por meio de um único indivíduo. Isto não combina de modo algum com o preceito de justiça, e eu penso que esta ideia cedo ou tarde também será evidente para o demitido.

Muito problemático se torna, porém, quando a direção quer se livrar de um bom funcionário. Seus colegas geralmente se colocam diante da questão de defendê-lo, e do preço que estariam dispostos a pagar pela sua solidariedade. Eu me proporia a seguinte pergunta: "É realmente possível salvá-lo?" "Minha influência é tão grande assim?" "Ou eu apenas me tornaria suspeito ao nível superior com o meu protesto?" Naturalmente, a gente pode argumentar com os responsáveis, pode desejar saber deles, se: "O outro é realmente tão ruim? Ele não tem seu mérito? Um outro seria melhor?" Porém eu receio que os colegas em sua maioria sejam impotentes quando um dos seus se torna vítima da política de pessoal. Então nós precisamos, mesmo que seja difícil, aceitar que não podemos evitar diversas situações e esclarecer a si mesmo que nós não temos nenhuma responsabilidade pelo destino de alguém quando este destino está nas mãos de outra pessoa. Isto nada tem a ver com covardia.

Sem dúvida, as piores consequências da covardia são aquelas que se apresentam em sua forma institucionalizada. Nós a encontramos onde existe hierarquia acentuada, onde o corporativismo e a arrogância se unem e barreiras formais são construídas no cotidiano da empresa. “Isto é algo muito apavorante”, confirmou-me um gerente. “Isto desmotiva, paralisa, conduz a um inacreditável ponto-morto. Eu conheço empresas que fazem parte do mercado de ações e que faliram, porque suas diretorias eram muito hierárquicas, autoritárias e burocráticas. Estas pessoas se fazem rodear por bajuladores, em algum momento voam alto e tomam as decisões erradas com absoluta certeza.” Eu compartilho desta avaliação. Na qualidade de beneditino e abade primaz de uma Ordem, que no fundo é uma associação bem livre de mosteiros individuais autônomos, sinto uma forte rejeição contra estruturas centralizadoras e hierárquicas. Porém, à exceção disto, também podemos basicamente dizer que aquele que se reporta a diretivas e a leis, a que acentua ordens de precedência e cultiva um estilo de liderança autoritário está no melhor caminho para se tornar um “encarregado”. Estas estruturas são sempre uma expressão de falta de responsabilidade e pouca coragem, e nós podemos estar seguros de que encontraremos nestas empresas uma outra manifestação bastante fatal de covardia: A mentalidade de aprovação.

Esta mentalidade prolifera e floresce em todo lugar que se procede segundo o lema: “Um erro pode no máximo acontecer uma vez” – o que na prática se iguala a uma permanente ameaça. E isto conduz obrigatoriamente a uma soberania de apreensão pedante, pois, como os erros acontecem constantemente, cada um procura se comportar de maneira que não possa ser apontado como autor de algum erro. A consequência deste tipo de comportamento é a de que seja feita uma observação no dossiê para toda e qualquer coisinha, que todo telefonema seja documentado e que a responsabilidade por qualquer decisão seja dividida sobre muitos ombros, para que, se algo sair errado, todos tenham suas mãos limpas. Com o auxílio dos dossiês se pode então comprovar, sem falhas, que todos agiram corretamente, não importa o quanto as coisas tenham corrido mal. "Eu conheço diretores", conta-me o já citado gerente, "que, em vez de se incumbirem de um projeto com um grupo pequeno e ativo, cercam-se de trinta, quarenta pessoas, para que cada um faça uma coisa, e quando o projeto não der certo ninguém seja culpado. Cada reunião acaba levando a uma profusão de justificativas".

Em um clima destes não é mais possível qualquer decisão objetiva e também nenhuma chefia humanitária. O medo é o pior conselheiro. E pessoas receosas criam o medo assim que ocupam posições de liderança. Por quê? Porque elas não retiram sua segurança de si mesmas, mas sim em seu caminho para o alto, a procuram mais e mais em estruturas externas – exatamente naquelas estruturas que criam temor. Inseguras como elas são, a perda do poder significa a maior catástrofe para elas, e por isto elas facilmente não apenas sucumbem à tentação do acovardamento como às seduções do poder.

Para seus empregados é fácil reconhecer um chefe medroso, não importa o quanto ele atue de forma autoconsciente. De fato, sempre que surgem situações que conduzam a decisões desagradáveis, ele repentinamente não tem tempo. Em situações sem importância ele se revela como pedante e trata de coisas importantes com um movimento de mão. Ele não se posiciona, esquiva-se, abandona os outros e prefere confiar na lealdade obrigatória de colaboradores que nunca sabem exatamente o quanto ele é realmente bem relacionado com os superiores do que na confiança de pessoas livres e autorresponsáveis. Este tipo de chefia é um desastre para uma empresa, pois este chefe não pode levar suficientemente a sério sua tarefa de criar um ambiente livre de medo. Não se trata apenas de humanidade. Também se trata de eficiência e do sucesso econômico de toda a empresa. É claro que alguém que é temeroso não pode livrar ninguém do medo, e infelizmente nós não podemos aprender a ter coragem. De qualquer forma, é muito mais fácil se superar a si mesmo e a autoinsegurança quando entendemos nosso trabalho como uma tarefa e quando vemos esta tarefa talvez até mesmo como missão de vida. Como complemento final eu gostaria de contar uma pequena e nada espetacular história.

Eu não sei se ela já era uma mulher corajosa antes de entrar para este pequeno convento italiano; tomei conhecimento dela por meio de suas cartas. De qualquer forma, este foi um passo incomum, pois este convento era composto apenas por poucas freiras idosas, quase a metade delas acamadas –

era um mosteiro moribundo e acima de tudo localizado em uma grande e feia construção no centro da cidade. Com seus cinquenta anos ela era a mais jovem. E então ela me escreveu em busca de conselhos sobre as perseguições da abadessa. Aparentemente ninguém sabia exatamente como lhe agradar. Ela trouxe intranquilidade a esta comunidade autossuficiente, era sempre despachada para estudos, e muitas vezes ela esteve perto de se desesperar. Nós tínhamos uma correspondência constante e eu quase a aconselhei a desistir – então ela foi eleita abadessa. Repentinamente tudo mudou por lá. Ela conversava gentilmente com todos, passava as noites em conversas com suas confreiras, e depois de pouco tempo ela conseguiu quebrar a rigidez de séculos. Com isto todos estavam contentes outra vez. "Eu cristianizei o relacionamento interpessoal", ela me escreveu. É bem possível que este convento tenha novamente um futuro. Onde há alegria existem vida e desenvolvimento contínuo. Mas mesmo que contrariando o esperado nenhuma nova vitalidade venha a surgir, ela pelo menos proporciona às velhas freiras um final de vida digno. Eu admiro a coragem desta mulher.

11
Uma força mágica
Sobre saber ouvir e a concentração no essencial

Abade primaz Notker Wolf

Durante a festa de inauguração de nosso hospital na Coreia do Norte uma de minhas confreiras das Filipinas me cutucou e cochichou: "Senhor abade primaz, pegue sua flauta transversal e toque alguma coisa para nós!" Nós estávamos sentados no sóbrio refeitório de um hotel, e até então a comemoração havia transcorrido segundo o rígido protocolo norte-coreano. Então eu me levantei, posicionei a flauta, toquei alguma coisa de Mozart, depois passei para as canções populares coreanas, e vejam só: as feições se descontraíram, as expressões se alegraram, e uma garçonete coreana colocou-se a meu lado e começou a cantar acompanhando a música da flauta. As pessoas que participavam deste acontecimento social estavam entusiasmadas. E talvez nossos anfitriões também tenham pensado: "Finalmente um europeu, que não tem de se impor, mas que está disposto a acompanhar uma coreana".

Falar não é tudo, quando a gente quer transmitir às pessoas o sentimento de que as aceita, de que as percebe verdadeiramente, de que as entende. A música é naturalmente ideal, porque concede a qualquer situação um verniz de paz e compreensão, e até mesmo minhas confreiras norte-americanas com tendências feministas eu consegui libertar de sua desconfiança inicial contra mim, com melodias da Broadway, em uma noite social. No entanto, na qualidade de chefes nós provavelmente não lançaremos mão da flauta de Pan para dissolver um clima tenso, e isto também não é necessário. Porque existe uma outra arte que tem um efeito mágico semelhante sobre as pessoas: a arte de ouvir com paciência e atenção. E isto pode ser aprendido. Nem todos podem ouvir com atenção. Para falar nós não precisamos convencer ninguém. Falar é uma performance pessoal prazerosa, é ação; na fala nós podemos vivenciar totalmente o impulso narcisista de autoapresentação, por isto a maioria anseia por falar. Mas quase ninguém anseia por ouvir, pelo contrário. Com o aumento do nível de ruído, de fato cresce a vontade de deixar de escutar, e a falta de atenção se transforma em uma atitude quase incontrolável. Em todo caso, a mídia ainda consegue nos induzir a longas fases de audição. No mais, ouvir é para muitos o tempo morto entre duas falas próprias, desnecessário, tempo perdido, e a circunstância de que ouvir requer paciência e autocontrole, ainda transforma isto em uma exigência inaceitável. Nós desaprendemos a arte de ouvir em tal grau, que alguém que de fato seja capaz de ouvir, com tranquilidade, sereno, concentrado, talvez que até mesmo seja capaz de ouvir avidamente, seja admirado como um animal fabuloso.

Com isto, poder ouvir é uma capacidade que quase possui forças mágicas, e falar sobre tudo é inútil se nós também não dominarmos a arte de ouvir. Não é por menos que São Bento inicia o prólogo de sua regra com a palavra "Ouça". A primeira frase diz: "Ouça, meu filho, os ensinamentos do Mestre, e incline teus ouvidos ao teu coração". Ele exige atenção ativa de seus ouvintes e também que eles estejam atentos com todo seu ser e com seu coração. É exigir muito no estresse do trabalho? Certamente, no cotidiano de uma empresa, não se trata de uma vida devota e da bem-aventurança eterna, mas se trata do perigo de desenvolvimentos errôneos devidos a mal-entendidos que quase não podem ser esclarecidos e da inércia de empregados frustrados que se sentem de vez em quando maltratados por seus chefes – razão suficiente para levar o ouvir com atenção tão a sério como o falar. Graças a Deus o ouvir faz parte das capacidades que nós podemos assimilar por meio de treinamento – e com toda certeza também queremos aprender assim que tivermos percebido em que consiste a força do ouvir.

Pois ouvir não significa simplesmente escutar e filtrar as informações essenciais entre tudo que foi dito. É claro que nós podemos nos alegrar quando a comunicação é tão bem-sucedida, que todos possam participar dela sem mal-entendidos. Porém, trata-se de muito mais do que uma exitosa troca de informações. Ouvir é a arte de auxiliar seu parceiro de conversa por meio de seu silêncio pessoal. Ouvir estimula, anima o outro a falar, e ainda mais a pensar; ouvir liberta a língua e o cérebro. Ouvir é muitas vezes o maior serviço que podemos prestar a uma pessoa, e requer de alguém que comande algo bem diferente do que não falar nada por algum tempo para que o outro também possa tomar a palavra.

Ouvir significa oferecer espaço e tempo ao seu interlocutor, retrair-se totalmente e deixar o outro ter valor. Para isto nós temos de nos focalizar nele e em nada mais, precisamos parar tudo o que fazemos, esquecer todo o resto e nos concentrarmos totalmente naquele que está sentado à nossa frente. De certa forma, o mundo ao redor tem de deixar de existir sim, seu interlocutor tem de ter realmente a impressão de estar no mundo sozinho com você. Não é possível alcançar isto por meio de uma atenção dissimulada – principalmente as mulheres percebem imediatamente quando os pensamentos de alguém na realidade estão em outro lugar. A atenção do ouvinte tem de chegar a tal ponto que este, depois das primeiras três frases do outro, não formule antecipadamente a resposta em sua cabeça. Que ele não fique nervoso quando expor sua contestação. Que para ele não se trate de brilhar com sua resposta e de colocar sua sagacidade à prova – ou ainda de se livrar do outro o mais rápido possível. Sua atenção precisa ser tanta, que ele como uma esponja absorva totalmente, esteja totalmente tranquilo, apenas registre, deixe que o outro fale e o ouça até a última palavra. Somente então nós podemos estar seguros de que não deixamos de ouvir nada, vale a pena dizer o que pensamos. E só então o efeito sugestivo do ouvir intensivamente se apresenta.

Este efeito surge a partir do momento em que eu, por meio de minha concentração, também obrigo o outro a se concentrar, com o resultado de que ele se exprime de forma sucinta, de repente encontra as palavras certas, esclarece de maneira natural e compreensível e percebe as relações por si mesmo. No melhor dos casos, ao falar seu problema deixa repentinamente de existir sem que o ouvinte tenha dito apenas uma única palavra. Ouvir pode ser tão inspirador, que o falante ainda durante sua fala percebe tudo aquilo que para ele até então parecia confuso e indissolúvel. Quando alguém que tem alguma preocupação me procura, eu o deixo falar, ouço, e muitas vezes eu mesmo não preciso dizer mais nada. Na maioria das vezes, em algum momento o outro diz: "Quer saber de uma coisa? Eu creio que a coisa não é tão trágica assim". Ou: "Na verdade, eu deveria fazer isto e aquilo". – "Você tem razão", é o único comentário que faço a respeito deste tipo de conversa, na qual, à exceção da atenção concentrada, eu não contribuí com mais nada.

Há ainda outro efeito do ouvir atentamente: eu percebo muito mais. Desta maneira eu tomo conhecimento de circunstâncias das quais o falante não está absolutamente consciente. Ou eu noto que ele procura evitar um determinado ponto, que ele não pensou em coisas decisivas, que no fundo seu problema está em outro lugar. Assim como é possível ler entre as linhas, nós também podemos ouvir entre as palavras, e então nós só temos de trazer à fala aquilo que não foi dito – não a solução! Em todo caso, ao ouvir intensivamente nós alcançamos infinitamente muito mais do que se escutássemos apenas com um ouvido, e isto leva também a fazer as perguntas certas. E mesmo se não existir nenhuma solução no momento, pelo menos depois de uma conversa assim o outro se sentirá em paz consigo e com o mundo. Pois agora ele sabe: Lá, detrás desta porta, tem alguém com quem se pode conversar! Apesar de, ou exatamente porque este alguém durante toda a conversa quase não disse nada.

Como chefes nós não nos fazemos nenhum favor ao ignorar uma conversa ou olhar entediado, brincar com a caneta, folhear seus papéis; de repente, no meio da conversa, olhar interrogativamente, como quem quer saber se o outro acabará logo, ou dar a entender, de alguma forma, que considera a conversação uma interrupção importuna de seu programa diário. Em uma conversa não se trata apenas de informações utilizáveis, e ouvir é um instrumento de liderança tão eficaz quanto falar. No entanto, nós precisamos empregar um esforço especial. É preciso aprender a ouvir e exercitar constantemente esta capacidade. É uma ascese no sentido mais verdadeiro da palavra, ou seja, um exercício contínuo de paciência. Em todo caso, comigo é assim.

Na verdade, eu posso ouvir. Mas eu percebi que, com o passar dos anos, cada vez é mais difícil para mim não interromper o outro em meio à sua fala. Nós já ouvimos tanta coisa, e tanta coisa segue o mesmo esquema, que muitas vezes depois das duas primeiras frases eu quero interromper meu interlocutor, porque acredito saber exatamente o que ele quer dizer; e enquanto o outro descreve seu problema com maior ou menor dificuldade, eu já estou a solucioná-lo. Quando eu percebo isto, eu digo a mim mesmo: "Pare! Não tem nenhuma importância se você já conhece ou não o problema. Não se trata de oferecer rapidamente uma solução ao outro e de então despachá-lo. Você vivencia agora com esta pessoa uma situação nova e única; deixe-a falar, senão você incorrerá no mesmo erro como daquela vez, na escola, na América do Sul – você interpreta mal a situação com todas as expectativas e necessidades humanas que ela mostra". Um chefe precisa sempre se testar e se controlar neste ponto. Não é fácil ocupar durante muitos anos uma posição de liderança e ir para o trabalho com o mesmo ânimo e naturalidade, assim como se nós ainda possuíssemos a curiosidade e a receptividade do iniciante.

Ascese, paciência, controle, distância interior das coisas – talvez este seja afinal o grande desafio de qualquer gerente, trazer estas virtudes – sobre as quais nosso livro também já falou muitas vezes em outras passagens – ao cotidiano debilitante do trabalho. Em uma medida especial, todos aqueles que não são protegidos por secretárias e assistentes, ou seja, a gerência média, estão sujeitos a esta prova crucial entre agitação exterior e tranquilidade interior. Eles são confrontados incessantemente por inesperados, são continuamente interrompidos ou distraídos, precisam estar permanentemente disponíveis e ter uma resistência quase ilimitável; apesar disso, não devem demonstrar nenhum sinal de cansaço e naturalmente também não devem temer o risco de que qualquer erro possa provocar uma reação em cadeia. Uma pressão enorme. Porém, não nos esqueçamos de que nem sempre é o próprio trabalho que sobrecarrega alguém, e sim muitas vezes a consequência de erros graves de gerência na área de liderança de pessoal. Como força de liderança nós podemos, por exemplo, ser tentados a fazer sozinhos o máximo possível – seja por desconfiança de nossos colaboradores, seja por superestimação própria –, a acumularmos para nós mesmos uma tarefa depois da outra e quase não encontrarmos mais tempo para as verdadeiras tarefas de liderança. Ou então deixamos as coisas se arrastarem e de repente temos de agir pessoalmente, se o trabalho tiver de acabar a tempo. Se a coisa desmorona, a gente apenas corre de uma entrega de trabalho para a próxima. Já não sabe de mais nada, do que acontece à esquerda ou à direita, e porque a gente já está mais uma vez ocupada com outras coisas, os colaboradores esperam inutilmente por um *feedback*. Se a coisa se escala, o departamento já não pode mais ser dirigido e a gente mesmo já não sabe mais o que fazer.

Em nossos mosteiros a sobrecarga dos superiores tem outras causas, mas efeitos semelhantes. Para Bento, a imagem ideal do abade é derivada do *pater familias* romano, um pai de família como a gente hoje ainda pode encontrar em Roma: consciente de sua autoridade, ele está no entanto totalmente disposto generosamente a incluir seus filhos nas decisões familiares. No século XIX, na época do renascimento do monastério, imperava nos mosteiros um absolutismo disfarçado na religião. E hoje os abades vivenciam uma resistência nunca conhecida, porque os monges dizem: "Não dá para nos tratar desta maneira, nós somos homens adultos". Em outras palavras: hoje um abade precisa justificar suas decisões. Ele já não chega muito longe ao confiar apenas na sua autoridade. Com o tempo isto pode ser muito exaustivo. Também se deve considerar que os monges sempre procuram seu abade quando existem dificuldades. Com isto os abades desenvolvem uma imagem levemente distorcida da realidade, veem apenas problemas e quase não percebem como muita coisa anda bem. Além disso, eles são onerados pelas decepções humanas – quando monges com os quais contavam, e pelos quais talvez tenham sido enganados, desligam-se –, pois não existem apenas santos entre os confrades. O fator humano tem para nós um papel ainda mais importante do que na economia; no entanto, eu vejo a solução para todos estes problemas – assim como nas empresas também – em integrar todos os envolvidos e sempre animá-los, motivá-los, estimulá-los e não poupar esforços para despertar um sentimento de responsabilidade comum.

Eu mesmo – como já foi mencionado no início – nunca termino o trabalho. Sinto-me como aquele abade do século XIX, que confiou ao seu diário: "Hoje mais uma vez eu não consegui fazer nada. Tive tantos hóspedes". Para nós é comum que não haja tempo para concluir o trabalho. No meu caso, no entanto, isto tem menos a ver com os hóspedes – que também chegam a Santo Anselmo em grande número – do que com as constantes interrupções, com a impossibilidade de trabalhar continuadamente. Ainda a pouco eu me propus a concluir finalmente a correspondência, mas então surgiu um administrador com a notícia terrível de que nossos planos de construção estão ameaçados de não se concretizarem, porque durante os trabalhos de escavação acabaram de ser encontrados mosaicos antigos. Em Roma isto significa: interrupção da construção por tempo indefinido. A esperança de uma rápida continuação dos trabalhos se acaba diante disso. Agora primeiro eu preciso reerguer moralmente o homem, e então procurar com ele uma saída, até nós finalmente termos nos convencido de que a catástrofe, apesar de tudo, pode ser evitada, e a correspondência ainda continuará a esperar por mim. Na pior das hipóteses, eu agora puxo o freio de emergência e digo a mim mesmo: "Basta! Você não atende mais ao telefone. E nenhuma resposta terá mais do que quatro linhas!" Mas isto também já não adianta nada, então eu empilho tudo de alguma maneira sobre minha escrivaninha, sem levar qualquer ordem em consideração, apenas para que pareça melhor e me facilite ir para a cama dormir.

No entanto, como abade primaz estressado eu ainda tenho uma grande vantagem diante dos líderes de pessoal mundanos, porque para nós no convento o tempo é dividido e estruturado. Quatro vezes por dia eu interrompo meu trabalho para o ofício divino na igreja da abadia. Esta meia hora pertence respectivamente a Deus, mas também a mim. É uma daquelas fases do dia, nas quais eu não estou sob pressão, em que ganho distância e posso relaxar. Quatro vezes por dia eu saio e experimento o sentimento maravilhoso de liberdade em meio ao pior estresse. E há ainda mais uma coisa que me facilita o trabalho: eu não dependo de um sucesso rápido. As vivências de sucesso têm para mim um efeito secundário, quanto aos insucessos eu não os reconheço como tais, porque eu sei que Deus me presenteará com o sucesso no tempo certo. Por este motivo eu não devo me deixar desencorajar pelos fracassos.

Os gerentes não têm essa liberdade – e até agora ainda pagam um preço alto por seu empenho. Durante muitos anos eles acreditaram que podiam dar conta desta vida intensa apenas com inteligência e força de vontade. Viveram segundo o lema: "Eu me esgoto, logo existo", mas de repente tiveram de constatar que o corpo e a alma já não mais cooperavam. Eles se esgotaram. Por este motivo, meu último conselho às forças de liderança e aos políticos é: procurem uma compensação. Mas não apenas uma distração temporária, um simples passatempo, mas alguma coisa que tenha importância em sua vida – aqui eu penso acima de tudo em uma vida familiar que mereça ter este nome. E se mesmo assim o trabalho ameaçar sufocar, sempre existem conventos nos quais a gente pode por algum tempo se retirar como monge, durante dias ou semanas – uma possibilidade maravilhosa de voltar a si mesmo e de se conhecer por um lado totalmente diferente.

Somente a tranquilidade interior em um convento já faz bem. Encontrar a serenidade, este é o primeiro passo para fora da inconsciência. Em todos os outros passos o monge deveria ser acompanhado algum tempo por um confrade experiente, pois a calma leva à reflexão. Muitas vezes, quando se reflete e a vida de uma hora para outra parece bem diferente, aparecem dúvidas sobre si mesmo. Alguns se assustam quando são confrontados inesperadamente consigo mesmos, ou experimentam depois de algum tempo o surgimento de desejos e de sonhos que foram até então reprimidos pelas obrigações da profissão. Então é bom ter alguém ao lado, com quem nós possamos falar, que também entenda como questionar cautelosamente o outro. Assim, talvez nós aprendamos algo sobre o que alguns poucos hoje em dia ainda estão acostumados, ou seja, suportarmos a nós mesmos. E talvez no fim surja uma mudança de perspectiva, padrões sejam talvez reajustados e coisas há muito esquecidas adquiram um novo significado. Esta pessoa voltará então à vida profissional com a verdadeira soberania de quem não tem mais medo da perda de poder.

Eu mesmo sempre vou à Igreja de Santa Sabina, que fica a pouco menos de duzentos metros do Mosteiro de Santo Anselmo, uma das antigas igrejas de Roma, uma basílica do século V. Lá se encontra um velho sarcófago de mármore, com uma inscrição entalhada que me agrada muito: "*Ut moriens viveret, vixit ut moriturus* – Para que ele viva como mortal, ele viveu como um mortal". Expresso de uma maneira um tanto casual nós poderíamos dizer: entendam a tempo, que tudo regressa novamente ao solo. O dinheiro vai para os herdeiros, o título é pendurado na lápide, os ternos são doados para a cáritas e o resto apodrece. É claro que pessoas mais velhas são mais sensíveis a este modo de ver do que as jovens; no entanto, aquele que assimilar esta sabedoria, perderá a vontade de se agarrar a coisas exteriores. Mas permanecerá com vontade de viver.

12
Coragem para resistir
O que se espera de educadores

Abade primaz Notker Wolf

Eu hesito em ultrapassar simplesmente a área da arte de liderar pessoas no que diz respeito à economia e à política, para tratar das questões relativas à educação. Eu hesito porque para mim o problema parece possuir outra natureza, mesmo que no fundo pais e professores também estejam diante da tarefa de tirar o melhor daqueles que lhes são confiados, assim como as forças de liderança nas empresas e nas instituições. Porém, na economia e na política existem metas que apresentam um contorno relativamente claro, ao qual os meios se adaptam. A estratégia apropriada à necessidade também é inquestionável, e sua utilidade está em nossas mãos. Na educação, na forma como a vivenciamos hoje, os objetivos, pelo contrário, não me parecem claros, sua necessidade em geral é questionada, e por este motivo os meios são arbitrários. Na família e na escola impera uma insegurança que se torna cada vez maior porque a utilidade de medidas educacionais só se mostra depois de anos.

Por este motivo poderia ser interessante examinar primeiro a situação inicial. Um professor, que leciona há trinta anos, um dos engajados, e um entusiasta, descreveu-me esta situação da seguinte maneira: "Neste meio-tempo a gente quase tem de se preocupar mais com os pais do que com as crianças", ele disse. "Por quê? Porque hoje ou os pais se excedem e fazem muito por seus filhos, ou então eles fazem quase nada. Ou eles não cuidam de seus filhos, ou os esmagam e lhes tiram o ar para respirar, por meio de sua preocupação constante. Para uns, as crianças são deixadas por conta de si mesmas, para outros elas não podem dar nenhum passo que não seja observado, vigiado. Em muitos casos, não existe em geral mais nenhuma ligação interior com os filhos. Por este motivo minhas conversas com os pais quase sempre giram em torno de aconselhar às mães e aos pais a construirem uma relação equilibrada com seus filhos. Eu procuro lhes explicar que é tão errado paparicá-los o tempo todo, levá-los de carro a todo canto e organizar tudo para eles, quanto deixá-los simplesmente por conta de si mesmos, por uma interpretação errada de liberdade."

Ele discorreu apaixonadamente sobre estas observações, em um certo tom de resignação. Não que ele duvidasse das boas intenções dos pais de seus alunos. Mas, assim como muitos de seus colegas, ele presenciou como nas últimas três décadas o pêndulo entre o fanatismo educacional e o abandono cada vez oscilou mais, e sua conclusão é: excesso motivado por confusão. Eu mesmo, na época em que fui abade primaz em Santa Otília, tive experiências semelhantes. Como vários dos velhos mosteiros beneditinos da Bavária, nós também temos uma escola, um ginásio, e há alguns anos nosso diretor mencionou, em conversa, que a maioria dos alunos seria supereducada, superpaparicada, supercuidada. "Pela manhã", disse ele, "eles são educados na escola, e à tarde os pais acham que têm de recuperar a educação que deixaram de dar durante a manhã. Mas, ao mesmo tempo, eles realizam qualquer desejo de seus filhos, os poupam de tudo que eles possam considerar uma exigência incabível, e diante das reivindicações dos filhos conhecem apenas uma reação: ceder, ceder, ceder". Esta conversa aconteceu há mais ou menos uma década e meia. E naquela época eu também cheguei à conclusão: excesso motivado por confusão.

Surpreendentemente as experiências preocupantes de professores, pedagogos, educadores e psicólogos quase não encontram eco no debate público. Onde estão as novas ideias, as metas adequadas aos pais, os ideais e os princípios para uma educação humana moderna? As ideias inteligentes e boas? Ou mesmo as ideias inteligentes e erradas, como aquelas que outrora vieram do laboratório antiautoritário de Summerhill? Ideias sobre as quais a gente possa debater, a favor ou contra, que a gente possa discutir intensamente. Em vez disto, silêncio total. De vez em quando um mal-estar geral explode em uma infrutífera discussão de valores, incitada por políticos, que após algumas escaramuças retóricas retornam à ordem do dia. Além disso, expande-se uma resignação ao destino, que traz em si todas as características de uma capitulação diante das circunstâncias. Diz-se que o andamento das coisas não poderia ser detido, que o desenvolvimento não poderia sofrer um movimento regressivo, que a gente viveria hoje segundo avaliações e teria não apenas de se adaptar, como também os padrões, ao respectivo desenvolvimento – que aqui não existiria nada para se criticar, que a liberdade viria antes de tudo. Ceder é o lema, tão logo uma nova necessidade, uma nova moda surja, e quem se recusa, quem não quer se conformar com a arbitrariedade de todos os valores sem oferecer resistência, será qualificado pelos modernos como conservador.

Então devemos aceitar tudo? Não falar da existência de uma crise? Elevar a desorientação ao *status* de regra? Eu quero retornar mais uma vez à conversa do início deste capítulo, com o professor já citado. "O que nós vivenciamos", disse ele, "conduz a educação para a falta de autonomia. Por trás disto está, segundo minha opinião, o puro medo. Quando eu converso com os pais tenho quase sempre a impressão de que tudo para eles pode desaguar em uma catástrofe. Tudo é comentado com um assustado "problemático, problemático". E o medo é atiçado por todos os lados. Aparentemente não existe mais nenhuma confiança – seja uma saudável autoconfiança, seja aquilo que a gente outrora chamava de confiança em Deus, ou seja, a suposição fundamental de que a vida só nos quer trazer o bem".

Eu também conheço esta desconfiança diante da vida. Aqui nós estamos lidando com uma mistura estranha. De um lado existe um fatalismo paralisante, que explica todo desenvolvimento social como uma consequência necessária da liberdade e faz tudo parecer melhor, e do outro lado a suspeita de que a vida poderia nos enganar em tudo que esperamos dela. Resignação e medo, é disso que me parece se compor a atitude básica, com a qual muitos pais tratam da educação, e eu gostaria de me aprofundar mais a respeito desta disposição.

Antes, uma pequena história. Um confrade de Santa Otília acompanhava antigamente um grupo de pais órfãos, ou seja, mães e pais de filhos que haviam se suicidado ou morrido em um acidente. Uma catástrofe havia se abatido sobre estes pais – e ainda maior, quando muitas vezes havia sido seu único filho –, e meu confrade auxiliou a estes desesperados por vários anos. Durante este tempo ele descobriu que muitos não eram acessíveis à consolação. "O pior é que, para muitos, já não existe mais o além-mundo", disse-me ele. "Que eles já não mais entendem a vida neste mundo como um grande contexto e tudo para eles apenas possui um sentido, enquanto este sentido for efetivado neste mundo. Se este mundo lhes nega esta concretização, a vida perde totalmente seu sentido."

Sob condições extremas surge aqui, segundo minha opinião, algo que fundamenta diretamente o sentimento de vida da grande maioria: a sensação receosa de que tudo está em jogo, toda a felicidade da vida, todo o sentido da vida. Diante deste fundo, o secundário recebe o maior significado, o inofensivo pode crescer até transformar-se em uma ameaça existencial. Dito de outra maneira: nós esperamos o impossível de nossa vida terrena, ou seja, ser tudo. E agora nos ressentimos com ela, porque ela é como ela é. Que ela seja arriscada, imprevisível e limitada, que ela nos iluda a respeito da juventude eterna e da satisfação de todos os desejos desmedidos, com os quais a gente aborda a vida, e por fim também a respeito de nossa imortalidade. Com uma vida assim é claro que a gente não pode se contentar; basicamente não, ela deveria, se nós em geral ainda acreditarmos nela, oferecer garantias integrais de segurança. Tais garantias não nos ajudam contra o grande problema da vida, que é ser finita, mas nos facilitam a ignorá-lo.

E então acontece o espantoso: a desconfiança diante da vida cresce na mesma medida em que procuramos nos assegurar contra os riscos da própria vida. Quanto mais seguro nosso mundo se torna, mais perigosa a vida nos parece, e o medo se alastra cada vez mais. Alguma coisa está errada. Em algum momento cometemos um erro de raciocínio. Este erro de pensamento salta verdadeiramente aos olhos quando nós comparamos nosso estado de ânimo com o das pessoas de fora da Europa. Em minhas viagens à África e à América Latina eu tive muitas vezes oportunidade de fazer esta comparação e concluí: para as pessoas de lá é muito mais fácil do que para nós não se queixar, muito embora elas não vivam na ilusão das possibilidades ilimitadas; pelo contrário, elas abordam a existência com expectativas realistas e modestas, muito embora estas pessoas não possam fechar os olhos para o fato de a vida ser uma questão arriscada, desde o primeiro grito do recém-nascido até o último suspiro do moribundo. Eu digo a mim mesmo: talvez seja exatamente por isso que estas pessoas continuam descobrindo que a vida é boa para elas. Elas são obrigadas a confiar nela, e por isto capazes de desenvolver uma atitude de gratidão. E esta gratidão – disso estou convencido – é a condição definitiva para uma vida feliz.

No entanto, a gente só resiste a este realismo existencial se o sentido da vida não se esgotar na própria vida. Quem espera a realização de todos os seus desejos deste lado é ameaçado incessantemente pela queda na falta de sentido. Visto desta maneira, nossa sociedade desesperada é o produto de um desenvolvimento que substituiu a crença no além, que se baseia na esperança por uma fé nesta vida, que se baseia na ilusão e na repressão. E a partir deste desespero também se explica para mim o fatalismo moderno, como desejo de pelo menos absorver gulosamente tudo, de tomar e de experimentar tudo, que é agora negociado no mercado das sensações. Sob estas circunstâncias é tido como tolerante quem se contenta com o papel de espectador indiferente. Quem, no entanto, arrisca-se a rejeitar isto, é visto como estraga prazeres e levado a calar-se sob a acusação de ser antiquado.

Como parece, nós nos movimentamos para dentro de um círculo vicioso: a desconfiança diante da vida conduz à capitulação diante das condições, e o fatalismo moderno atiça o medo de não se satisfazer nesta vida. Sob estas circunstâncias a educação se tornou difícil. Em quais exemplos da humanidade os pais devem orientar sua educação? Uma sociedade que faz de seu próprio estado de desenvolvimento um ponto de partida não os ajuda muito, pois seus valores são oscilantes, sem critérios, arbitrários – e dependentes daquilo que a mídia, a indústria de entretenimento e a propaganda respectivamente encenam como realidade e introduzem nas mentes. Da mesma forma, os pais também não podem esperar muito do debate público, pois o clamor por orientação, que de vez em quando se torna alto, não é absolutamente sério. Ele é uma expressão do desamparo, mas não é um indício da vontade de abandonar o individualismo sem sentido. O que então significaria levar o anseio por orientação realmente a sério? Significaria primeiro reconhecer ideais e objetivos atrativos, e disso uma sociedade que coloca princípios morais, ideais de felicidade e valores a critério de cada indivíduo está muito longe.

Atualmente se oferece aos pais uma saída tentadora deste dilema: a fé na natureza e na bondade natural do ser humano. Esta crença se expandiu na mesma medida em que nossa confiança na própria cultura diminuiu, nossos valores culturais perderam a força de persuasão e seus defensores renegam a necessidade da educação – uma vez que o homem por natureza já seria bom, não poderia se tornar melhor por meio da educação. E o sucesso desta ideia não é contestável. Hoje a natureza como última grandeza inatacável instalou-se totalmente em nosso modo de pensar, e quem apresentar a natureza como argumento em um debate de valores pode estar certo de que não esbarrará mais em nenhuma resistência genuína. Mesmo os rebeldes de 1968 já haviam apostado na natureza quando declararam o benefício do prazer como tema central da ação humana e com isto viram na natureza aquela grandeza eterna, que está acima de qualquer suspeita de arbitrariedade e manipulação. A partir de então, é considerado como bom tudo o que possivelmente exiba poucos vestígios de influência cultural, e muitos pais não desejam nenhum outro alimento para seus filhos que não seja ecologicamente seguro e totalmente natural. Assim, a melhor educação seria aquela que não tocasse mais de forma alguma na formação do querer e no desenvolvimento moral dos filhos, mas sim aquela que deixasse desabrochar sem interferência suas aptidões de caráter inocentes e naturais.

A natureza como força contrária e restabelecedora para uma cultura deteriorada? Isto também não é realmente sério. A experiência mostra: mesmo para os defensores desta crença a natureza só é boa enquanto nos confere instintos. Assim que ela nos atribui um nariz adunco, um busto pequeno ou dentes tortos, ela é má e precisa ser corrigida. Nossa relação com a natureza é tão ambivalente como sempre foi; não obstante exista uma enorme diferença entre o tradicional e o moderno entendimento da natureza. Na segunda metade do último século aconteceu uma transição na avaliação do que recai sobre a área da natureza e da cultura, em que área o homem pode agir construtivamente e em que esfera ele tem de se impor uma grande reserva. Esta mudança é tão fundamental, que eu gostaria de me aprofundar um pouco mais a este respeito.

Segundo a visão tradicional da civilização ocidental, tudo que tivesse a ver com o corpo humano era destino. Isto significa que a gente tinha de aceitar este corpo como fato natural, do jeito que ele era, com seus defeitos, suas fraquezas, seus limites, subordinado ao ciclo natural de fertilidade assim como ao processo natural de envelhecimento, ameaçado o tempo todo pela doença e pela morte, ou seja, como produto de uma natureza que em sentido moral não é nem boa nem má, mas plena de sentido, expressão de uma razão superior – motivo pelo qual a Igreja sempre se empenhou em proteger esta natureza da arrogância humana, com suas normas e legitimações. O campo mental e espiritual, ou seja, tudo o que tem a ver com o caráter e a individualidade, era, pelo contrário, segundo o entendimento tradicional, um destino imutável, ele estava subordinado à influência cultural. Nesta área o ser humano poderia ser formado, lapidado e continuar a desenvolver-se, por isso aqui era necessário todo esforço para aperfeiçoar as respectivas aptidões e continuar a crescer muito acima de si mesmo, tanto espiritual quanto mentalmente. Por fim esta cultura levou a reprimir o corpo e seus instintos por meio das forças mentais.

A mudança radical do último século modificou esta relação. Ela levou a considerar como obra do destino não apenas o corpo, mas também o caráter e a individualidade. Todos os esforços de uma cultura técnica apontam hoje para o corpo e para a superação de suas normas naturais, enquanto a natureza intocável encontrou refúgio na área mental e espiritual. Como última consequência deste desenvolvimento encontramos a falência de toda a educação, pois a natureza não pode ser vencida nem por padrões morais, nem culturais. Esta cultura não oferece nenhuma orientação aos educadores, ela permite basicamente apenas uma conivência resignada. Em minha opinião, esta crença em uma natureza bondosa é um grande erro, um engano, que nós cometemos por covardia e por falta de confiança em nós mesmos. Esta crença tem apenas uma vantagem, que, no entanto, é bastante preocupante: ela fornece o álibi perfeito para os pais que permitem tudo aos filhos – se estas crianças algum dia causarem algum problema, os pais em todo caso não têm qualquer culpa. Com outras palavras: a crença na natureza permite aos pais se eximir de sua responsabilidade com a educação, com a consciência tranquila.

Não, mesmo as crianças não são anjos inocentes. Nas fases de seu desenvolvimento elas têm de ser confrontadas com uma cultura que impõe altas exigências às suas forças espirituais e mentais, e para isto necessitam do auxílio e da orientação de adultos autoconscientes. Por este motivo a educação não é de modo algum superficial. Mas, em geral, ela ainda seria possível em uma era de fatalismo, de falta de orientação, de medo, de idealização da natureza? Esta questão se coloca de fato. Eu sou otimista e responderia: sim, ela é ainda possível, mas apenas como ação de resistência, apenas como limitação consciente e corajosa dos enganos correntes assim como da indiferença fatalista. Por este motivo a personalidade do educador é cada vez mais importante. Pais e mães – e professores – precisam se ver como personalidades reais de liderança, que assumem e vivem seus ideais por conta própria, sem poder contar com o apoio da sociedade. E eles têm de levar a sério sua função de exemplos morais, mesmo quando sejam em geral motivo de escárnio. Este é um desafio enorme, mas eu não conheço outra solução. Os valores e as virtudes não se deixam discutir apressadamente, eles também não se deixam transmitir em aulas de ética, eles têm de ser experimentados pelas crianças como cultura vivida – se em nenhum outro lugar, então pelo menos em casa e na escola.

Para as crianças nada é mais necessário do que modelos e ideais. Elas estão sempre em busca de exemplos, absorvem os modelos literalmente e aprendem, crescem, amadurecem ao imitar os adultos. E elas se entusiasmam com ideais da mesma maneira que outrora. Por este motivo meu primeiro conselho aos educadores é: invistam na capacidade de entusiasmo de seus filhos. Por meio de seu próprio exemplo, levem seus filhos a gostar de valores como honestidade e sinceridade. Quando se é jovem, a gente é um feixe de possibilidades e ávida por conhecer exemplos, nos quais as melhores possibilidades tomam forma concreta. Puxa!, dirá uma criança então, uma encarnação de virtudes existe de fato, é assim que pode parecer quando a gente realiza seus ideais, surge alguma coisa como esta pessoa. Estas experiências animam, entusiasmam, libertam forças – e despertam a curiosidade sobre si mesmo, pois uma criança tem de descobrir a si própria. Precisa interiorizar aos poucos suas próprias forças e capacidades e descobrir constantemente que nem sempre já é o bastante e que ela está pronta, mas que pode diariamente crescer um pouco além de si mesma. Quanta coisa está adormecida em uma pessoa jovem, quanta coisa precisa ser despertada pelo educador e ser descoberta pela própria criança! E tudo isto se intensifica mais no modelo das pessoas que uma criança encontra.

Permitam-me lembrar apenas de um exemplo para o enorme efeito de modelos: o falecido Papa João Paulo II. Com sua retidão e sinceridade ele também se afirmou como modelo contra os modismos da mídia, que queria ditar a uma sociedade desesperada o que devia fazer e pensar. Uma pessoa assim chama a atenção e é amada, mesmo quando a gente não compartilha incondicionalmente de sua opinião, uma pessoa assim é capaz de despertar o anseio pela sinceridade. Pessoas como João Paulo II são coerentes por si só, elas não precisam justificar suas ações, elas convencem de imediato. Mas este papa também impressionou como imagem de uma pessoa exemplar, porque ele não escondeu sua debilitação física. Suas apresentações por volta do fim de sua vida tinham quase um caráter exibicionista, mas atingiram seu objetivo intencional, que era o de tornar o sofrimento reprimido mais uma vez visível. As pessoas o aplaudiram com prazer, quando ele era o papa exuberante em vitalidade, agora elas também deviam presenciar como alguém pode decair. Até o fim ele conservou a atitude de uma pessoa que superava interiormente sua morte próxima, e isto para viver, mesmo quando a vida consiste em dor e sofrimento. E convenceu a muitos. Nós podemos aprender com pessoas como ele o que os modelos podem realizar.

Porém, de onde tirar a coragem para ser exemplo, a coragem para resistir? Eu entendo bem quando os pais duvidam hoje de suas possibilidades de exercer influência. Eu entendo bem que eles, diante da torrente de modelos sem valor, como os que a mídia apresenta, estejam tentados a capitular. Eu entendo bem que muitos desistam diante de uma sociedade que desfralda a bandeira de seus princípios morais segundo a opinião que impera no momento. Talvez possa lhes trazer algum auxílio esclarecer duas coisas: primeiro, de que não se espera absolutamente que os pais inventem seus próprios valores e ideais, porque nossa própria cultura produziu padrões de validade comuns e reconhecidos quase mundialmente. E, segundo, que não nos resta absolutamente nada, a não ser modelos, porque a capacidade de vida de nossos filhos depende disto.

A educação é a preparação para a liberdade. Por este motivo, o objetivo de toda educação apenas pode consistir em ajudar as crianças a utilizar a liberdade com responsabilidade – e para isto a gente precisa fortalecer a própria força de resistência. Esta é uma tarefa da qual os pais não podem se esquivar, pois somente a partir da capacidade de resistência é possível tomar decisões livres, somente um desejo de resistência forte pode resguardar um jovem ser humano da tentação onipresente, de fazer da maneira mais fácil possível, de sucumbir. Seria um grande erro abandonar crianças despreparadas diante da liberdade. O exemplo dos pais, que por seu lado ofereceram resistência, pertence por isto ao que há de mais valioso que a gente pode dar a seus filhos a caminho da liberdade.

É claro que manter esta resistência diante do espírito do tempo exige coragem. Por isto eu gostaria de lembrar aos pais e aos educadores que eles não estão de mãos vazias. Que a desorientação de que falamos no início também não é nenhum destino imutável. Ela possui uma causa, e esta consiste em que nas últimas décadas toda profundidade existencial dos modelos humanos de nossa cultura foi roubada, de tal forma que uma vida bem-sucedida só pode ser medida segundo sucessos exteriores. É claro que não podemos iniciar nada na área da educação com esta imagem do homem descentralizada e desprovida de alma. Isto não teria qualquer utilidade ou valor porque os sucessos exteriores são totalmente independentes da personalidade – e mesmo um canalha pode ser bem-sucedido. Se nós aceitarmos este triste resto de uma imagem do homem podemos realmente desistir de todas as tentativas de educação e nos satisfazer em condicionar obstinadamente as crianças ao desempenho. Se a educação deve ter um sentido, é preciso que tenhamos duas coisas em mente: não só a personalidade de uma criança como também uma imagem do homem, que não determine o valor de uma pessoa a partir de fatores externos.

E esta imagem do homem já existe há muito tempo. Está na base de nossa cultura. É a ideia fundamentada no cristianismo de que o homem como criatura de Deus foi criado à sua imagem e semelhança, e por isto é intocável, está fora do poder de controle de seus semelhantes. Nossa aspiração de liberdade e igualdade se baseia nesta ideia, e a partir desta condição também é derivada nossa dignidade humana. E ao mesmo tempo esta imagem do homem considera a fraqueza e a corruptibilidade do ser humano. Por este motivo a antropologia cristã não conduz à deificação do homem; pelo contrário, ela associa sua similitude com Deus com sua propensão à tentação, de modo que nós podemos nos segurar ao valor excepcional do homem, sem fechar os olhos à sua imperfeição.

No cotidiano da educação isto significa que é necessário se adaptar continuadamente a este duplo sentido próprio da existência humana. Partindo do princípio de que as crianças também estão sujeitas à tensão entre o bem e o mal, sem serem más em si mesmas. E se lembrar sempre que as crianças podem esperar duas coisas de nós: que, segundo nossas forças, apoiaremos seu desenvolvimento para que se tornem pessoas preparadas para a liberdade, e que ao mesmo tempo as trataremos com o maior respeito pela sua individualidade, pela sua singularidade desejada por Deus. A partir disto surge uma tarefa educacional, que vai muito além da atenção e da proteção, ou do condicionamento para o sucesso. A imagem cristã do homem nos autoriza e obriga a educar as crianças para se tornarem personalidades capazes de resistência, a serem autossuficientes o bastante para tomar decisões livres. Com isto nós educadores sentimos outra vez terra firme sob nossos pés. E a partir desta certeza podemos também criar a coragem de que nós, como pais e educadores, precisamos com tanta urgência.

13
Acreditar na autoridade pessoal
Como podemos superar a crise educacional

Irmã Enrica Rosanna

Há pouco tempo eu fui questionada durante uma visita do bispo: "Cada vez menos jovens se sentem destinados à vida espiritual, cada vez menos querem se tornar padres. Qual é o motivo para isto?" Eu respondi: "Existem muitas razões. Mas o principal motivo é, segundo minha opinião, que nós atualmente vivenciamos uma crise educacional. Pois educar significa conduzir uma pessoa jovem ao autodesenvolvimento pleno. No entanto, hoje muitos pais já não auxiliam mais seus filhos a ter uma ideia clara da vida e do mundo, de modo que estas crianças, quando se tornam jovens, são oprimidas pela questão do que devem fazer de suas vidas. Os pais estão frequentemente despreparados para cumprir suas tarefas educacionais e se empenharem não apenas pessoalmente, mas também como família, para que seus filhos desenvolvam uma personalidade forte. Uma decisão para a vida espiritual está condicionada a uma personalidade forte". Esta foi a minha resposta. É claro que esta crise educacional não tem efeito apenas sobre as vocações. Ela é certamente expressão de um empobrecimento que tomou conta de toda a sociedade, e por isto diz respeito a todos nós. Por este motivo vamos nos ocupar, em primeiro lugar, com as crises maiores, que estão por trás da crise educacional – a crise da sociedade e a da família.

Quando eu me lembro das análises sociológicas dos últimos trinta, quarenta anos, vejo que acima de tudo nossa escala de valores se transformou radicalmente. Nos anos de 1960 a fé em Deus ainda ocupava – pelo menos na Itália – o primeiro lugar na hierarquia dos valores sociais. Hoje a crença na estrutura de valores quase não tem mais importância em nossa sociedade. Nós vivemos em uma sociedade que rejeita ser cristã. E isto tem consequências, pois existe uma diferença quando eu concentro todas as energias materiais e espirituais no prazer de viver ou quando eu espero a realização de minha vida a partir da fé em Deus e dos valores da religião. O maior perigo que pode vir deste desenvolvimento é a perda da simpatia prática pelo outro, que nos ensina a ter respeito pelas regras da convivência em comum. Nós estamos a caminho de uma sociedade sem normas e valores, de uma sociedade indiferente. Para ela tudo está bem, tudo é permitido, tudo é inofensivo – e a única coisa que já não faz parte é perceber diferenças na esfera ética. O Papa Bento XVI definiu esta situação quando falou de uma "ditadura do relativismo".

Trata-se aqui certamente de uma herança de 1968. Os pais das crianças de hoje são um produto da geração de 1968, ou seja, são filhos de uma época em que os princípios foram abolidos, os limites foram quebrados, as regras foram eliminadas e em seu lugar a espontaneidade foi colocada no trono. Lembro-me de um lema que era ouvido ininterruptamente nos anos dos protestos da juventude, quando eu estudava Sociologia em Triente: "A fantasia no poder!" Ou expresso de outra maneira: "Todo o poder para a improvisação!" Este lema da juventude rebelada tornou-se de certa forma o fundamento da educação da geração seguinte. Com consequências assustadoras, pois a educação jamais pode ser o resultado da improvisação – principalmente porque uma educação improvisada abre as portas e os portões para o difundido relativismo. Desde então existe em todo caso uma falta de coragem para educar. Há uma falta de vontade de educar.

Eu gostaria de dar um exemplo de como este relativismo atua na área pedagógica. Formar a vontade de alguém em crescimento é parte essencial das mais importantes missões de um educador, fortalecer sua volição. Hoje em dia a educação da vontade não é mais entendida pelos pais e mães como uma tarefa. Isto significa então: "Meu filho pode se tornar o que ele quiser". Ou: "Nós deixamos nossos filhos fazerem o que eles quiserem". Estas crianças não são mais confrontadas por seus pais com a decisão entre bom e mau, entre o que é restaurador ou o que é destruidor, porque seus pais quase não fazem mais esta diferenciação – daí surgem crianças caprichosas e sem vontade. Porém, não são mais inteligentes aqueles pais que se comportam contraditoriamente, que irritam seus filhos todo o tempo com regras e exigências, que os tutelam e limitam sua liberdade mental de movimento, até que eles estejam tão intimidados, que obedeçam calados, ou tão desesperados, que se rebelem. Não faz diferença se os pais educam de maneira muito negligente ou se forem literalmente ferozes educadores, as duas maneiras comportamentais têm a mesma causa: aquilo que é bom e certo para as pessoas jovens é em todo caso avaliado segundo padrões externos, em atenção a uma felicidade temporária ou às futuras chances de sucesso, e não mais segundo critérios que sejam decisivos para o desenvolvimento da personalidade.

E à crise da sociedade segue-se a crise da família. O que deflagrou esta crise foi o fato de que a família perdeu o seu contexto interno e externo. Como contexto exterior eu penso a família como um lugar onde se trabalha para uma sociedade humana, pacífica e digna. E o contexto interior se origina da responsabilidade dos pais de fortalecer seus filhos, de fazer crescer personalidades maduras. Quando a família perde este contexto interior e exterior, resta-lhe apenas a tarefa de produzir felicidade individual. Quando as esperanças dos pais são então decepcionadas, quando os seus desejos não se realizam, as crianças permanecem presas às suas expectativas, os pais caem em depressão e perdem toda a confiança. É cada vez mais raro encontrarmos a capacidade de suportar as decepções, e por isto observamos como o medo se expande – o medo de si mesmo, o medo dos outros, o medo do futuro, o medo pelos filhos. Hoje em dia falta frequentemente o entendimento das grandes e verdadeiras missões da família. Também falta a confiança crédula de que Deus também quer o bem dos homens, mesmo quando em sua vida nem tudo corre conforme o planejado.

Portanto, uma crise da sociedade e uma crise da família. As duas levam a que muitos pais não saibam mais o que fazer com sua tarefa primordial de educar. Eles simplesmente não sabem mais que são responsáveis pela formação da identidade de seus filhos e pela transmissão de uma visão sensata e humana da vida e do mundo. Eles já não veem mais nenhuma relação entre uma visão da vida e do mundo, que se reporte a valores verdadeiros, e ao desenvolvimento de seus filhos e filhas como personalidades fortes e responsáveis, que estejam em condições de tomar decisões livres e certas. Com outras palavras: eles não se confrontam mais com o problema da educação. Eles não estão preparados para serem pais. Por este motivo eu gostaria agora de abordar a questão do que é importante na educação. Nós salesianos somos uma Ordem comunitária que se dedicou totalmente à educação e à formação de pessoas jovens, e por isto eu posso contribuir com muita coisa da minha experiência.

Em primeiro lugar, educar é um processo cansativo, no qual o sucesso se obtém apenas com pequenos passos. Na Roma Antiga a educação era tida como um assunto tão difícil, que era deixada por conta dos escravos cultos. Talvez nós estejamos melhores preparados para ela se deixarmos claro, a nós mesmos, que a educação é um serviço, e um duplo serviço, ou seja, um serviço prestado ao homem, e da mesma forma à sociedade. Nossos filhos e também a sociedade têm o direito de que lhes prestemos este serviço. Por isto a gente não deve se deixar desencorajar, devemos abordar nossa tarefa com vontade de fazer o melhor possível.

Mas, além disso, a educação é, como todo trabalho de liderança, também uma arte, ou seja, todos os participantes, tanto os filhos quanto os pais, continuam juntos a se desenvolver, continuam a aprender uns dos outros, abrem os olhos uns aos outros. Em uma família ninguém é superior ou inferior ao outro, mesmo o membro mais jovem contribui para este processo de aprendizado tanto quanto o pai ou a mãe, e exatamente por isso devemos compreender a educação como um encontro entre pessoas criativas. Por isso ela só pode ser bem-sucedida se todos os lados respeitarem a liberdade e a dignidade do outro. A este respeito, lembro-me do que uma confreira chinesa me contou certa vez: Um artista chinês, disse ela, nunca pintaria totalmente o fundo de suas telas, e isto para dar ao observador a possibilidade de preencher o espaço vazio com sua fantasia. Um educador não deveria proceder de outro modo. Ele deveria apresentar a uma criança apenas determinados temas ou ajudá-la a desenvolver determinadas características básicas, e ao mesmo tempo conceder-lhe a liberdade de se desenvolver segundo o próprio ritmo e personalidade.

Portanto, protejamos os jovens da obrigatoriedade e do paternalismo, mas também da condescendência e da pretensão; partamos sempre do princípio de que em cada criança estamos diante de uma pessoa única e singular com necessidades particulares, experiências pessoais e problemas específicos. Exercitemos o olhar amoroso, este olhar clarividente, ideológico e límpido, que nos permite reconhecer o melhor em nossos filhos e desenvolver uma compreensão para aquilo que neles é diferente; diferente do que nós talvez esperássemos e daquilo que possivelmente desejamos. Concedamos-lhes o espaço para desabrochar seus dotes e amadurecer sua beleza interior como criatura e imagem de Deus, e com isto a possibilidade em sentido total de se tornarem pessoas. Quem se coloca desta maneira diante de pessoas jovens também terá vantagens a partir do convívio com elas. É por isto que no Talmude está escrito: "Aprendi muito e sou grato aos meus professores. Aprendi ainda mais e sou grato aos meus companheiros. Eu ainda aprendi muito mais e sou grato aos meus alunos".

Por seu lado, as crianças aprenderão conosco com mais prazer na medida em que mirarmos sua liberdade interior com todas as medidas educacionais, nos aplicarmos em conquistar seus corações e as encorajarmos a se decidir pelo bem e pelo que é certo. Contudo, não conseguiremos isto ao repreendê-las ou quando as cumulamos com sanções. Ao contrário, conseguiremos ter sucesso quando a conversa mútua se tornar realidade cotidiana, este diálogo continuado entre filhos e pais, no qual cada um em sua diferenciabilidade pode se comunicar, este diálogo que permite aos pais oferecer aos filhos seus princípios, experiências e descobertas, e possibilita aos filhos traduzir o conhecimento ganho em sua imaginação. Porém, ainda mais decisivo é o exemplo que damos aos nossos filhos e que eles podem entender como um convite para a participação nas virtudes e nos valores que nos unem. Até mesmo nós, adultos, podemos observar constantemente como os modelos nos tocam profundamente. Eu mesma penso agora, por exemplo, na história comovente da Irmã Leonella Sgorbati, uma missionária, que, como enfermeira e parteira no Quênia e na Somália, conduziu uma vida de devotamento fervoroso a Cristo e aos pobres, e que, atingida mortalmente por um ódio absurdo, terminou sua vida com as palavras: "Eu perdoo, eu perdoo, eu perdoo". Exemplos deste tipo para a fé, a esperança e o amor podem nos facilitar a nos tornarmos exemplos; mas não ignoremos que nós, como educadores modernos, partimos de uma imagem do homem atual, entendemos os sinais da época e temos de desenvolver um instinto para os valores que agora possuem maior poder de atração para os jovens – paz, justiça ou solidariedade são aqui tão importantes quanto a ajuda para o desenvolvimento, a igualdade de direito das mulheres ou a problemática ecológica.

No entanto, eu não quero ocultar que as dificuldades de muitos jovens e mesmo sua passividade também estejam relacionadas ao fato de que em suas vidas eles não encontram nenhum adulto que possua alguma importância para eles, a começar pelos seus pais e professores. É lamentável, mas muitos adultos não são modelos, não possuem nada, que os jovens possam achar atraente, não têm expressão, são figuras conformadas, adaptadas. Como lhes falta maturidade, eles não possuem nenhum carisma. Mas acima de tudo lhes falta aquilo que distingue um educador, ou seja, a autoridade, e isto me parece ser o mais preocupante resultado em relação à crise educacional atual. Em nossos dias, muitos pais já não acreditam mais em sua autoridade ou até mesmo renunciam conscientemente a ela para poder relacionar-se com seus filhos em um nível amigável. No entanto, com isto eles não se realizam como modelos, pois nenhuma criança aprende com um adulto que não tenha autoridade, nenhuma criança dá atenção duradoura àquilo que uma pessoa assim tem a dizer. Isto significa: Se quisermos sair da crise da educação, temos de reunir coragem para ter autoridade, temos de reaprender a acreditar em nossa autoridade. Porque a autoridade é um poder útil. Ela é o poder que se subordina por amor a uma tarefa. Que transmite orientação sem humilhar. Que está preparada para ser professor e aluno, que – totalmente no sentido de *augere*, palavra latina que é raiz da palavra autoridade – tem como objetivo o crescimento e o amadurecimento daquele a quem serve.

E esta autoridade deve ser usada de modo inteligente. Nós salesianos seguimos em nossa prática educacional as ideias do fundador de nossa Ordem, Dom Bosco, que entregou aos jovens de seu tempo um programa simples e ao mesmo tempo sofisticado, e que exprimiu na frase sugestiva: "Tornar-se um cidadão honesto ao se tornar um bom cristão". Aos pais, que em seu processo de educação desejam trilhar este caminho, eu gostaria de recomendar três coisas. A primeira é que eles tomem como exemplo a figura paterna da Parábola do Filho Pródigo e expliquem para seus filhos a lógica do perdão, pois apenas aquele que descobre o perdão enquanto jovem pode mais tarde contribuir para a paz da comunidade e encontrar a própria tranquilidade. A segunda é que eles frequentem a escola da paciência e lá aprendam a lei da vida, como foi formulada por Jesus Cristo na Parábola da Semente, que cai no solo e tem que morrer antes de produzir uma vida nova e mais rica. E a terceira é que eles façam da serenidade uma de suas maiores metas de educação. É certo que a serenidade é um presente de Deus, mas é também o resultado de uma busca sincera, de uma consciência de responsabilidade altamente desenvolvida – que a propósito ainda pode também se expressar nas situações mais secundárias do cotidiano. Recordo-me de uma anedota a este respeito. Uma vez um jovem estudante veio até São Francisco de Sales e lhe perguntou: "O que eu posso fazer para a tranquilidade no mundo?" – "Não bater a porta tão alto", respondeu o santo, sorrindo.

Entendamos o que isto significa para os pais e para os filhos: Nós todos temos de aprender a nos desarmarmos. Precisamos estar preparados, realizar um desarmamento verdadeiro em nossos corações. Nossos corações estarão armados enquanto procurarmos desconfiados e amedrontados por nosso benefício e só nos sintamos bem quando nos encontrarmos na situação de vencedores. Esta atitude não conduz à tranquilidade. Por este motivo sugiro um engajamento ecológico que vai muito além da natureza e engloba a própria pessoa. Sugiro uma ecologia da mente, ou seja, uma integridade intelectual que nos dê a coragem de dizer as coisas claramente e sem medo, de denominar o mal como mau e o bem como bom, para que nos tornemos pessoas que possam justificar suas ações e intenções. Eu proponho uma ecologia do coração, que nos permita, não importa em quais circunstâncias, jamais tomar o partido dos poderosos e deixar que o amor, a compaixão, o perdão e o bem atuem em nossa própria vida. E finalmente eu aconselho uma ecologia da vida que nos capacite a nos satisfazermos com o necessário, não sermos esbanjadores e dividirmos tudo com alegria. De fato este não é um caminho fácil para a serenidade, e ele também não pode ser trilhado sozinho, pois a tranquilidade é uma estrutura que precisa ser erguida em conjunto no diálogo, uma construção frágil, que é constantemente ameaçada pela ignorância, pela injustiça, pela presunção e pela preguiça. Por esta razão, ao lado de uma atenção constante, também é importante aquela capacidade de diferenciação que para nós atualmente está em baixa.

Para finalizar, deixem-me lembrar que todas as regras e critérios somente podem naturalmente fornecer parâmetros para uma boa educação porque sempre precisam ser adaptados à pessoa concreta, que foi recomendada aos nossos cuidados. Neste contexto a família recebe seu significado mais primordial. A família é o lugar no qual estas regras, em vez de serem aplicadas de uma maneira esquemática, podem ser utilizadas e modificadas a partir da conduta de vida e da grande confiança mútua – somente isto já faz delas insubstituíveis.

Além disso, uma criança aprende muitas coisas apenas com sua mãe, com seu pai, e não com outras pessoas – o sentido da família, por exemplo, ou o sentimento de responsabilidade por uma sociedade que a consideração é recompensada com amor, ou também o valor tranquilizador do perdão. E também existe a favor da família o fato de que os pais acreditam incondicionalmente em seus filhos, como ninguém mais. Uma das mais grandiosas ações das mães e dos pais consiste em ficar ao lado de seus filhos, mesmo quando é difícil acreditar neles de forma inabalável, não desistem nunca e tentam tudo, com a confiança de que superarão as dificuldades e que este filho então ainda mostrará o que pode. Por este motivo os pais carregam a maior responsabilidade educadora. Contudo, para isto eles também precisam contar com a cooperação de outras instituições, acima de tudo com a cooperação da escola, pois ela também é um lugar de educação e deve receber este nome, se ela no sentido amplo da palavra for uma "escola", ou seja, um lugar no qual as pessoas jovens são libertadas de suas deficiências e das limitações que as impedem de desenvolver totalmente sua personalidade. Portanto, a família e a escola devem atuar juntas, para que toda criança se torne, de fato, aquilo que pode ser de melhor.

14
O diálogo existencial

Como podemos ajudar as crianças a encontrar a si mesmas

Abade primaz Notker Wolf

"De onde foi que ele tirou isto?", era o que diziam, quando ainda criança eu empregava uma expressão que em casa não era absolutamente comum. A escola surgia como explicação. Ou um amigo, que por ser dois anos mais velho, já tinha experiência em outras esferas. Ou talvez a propaganda no rádio. Isto era tudo. As influências externas em todo caso se mantinham naquela época em fronteiras limitadas. Hoje elas são tão grandes, que os pais têm sempre cada vez mais cedo de se conformar em ter perdido o monopólio da educação. Forças anônimas já se intrometem até mesmo na vida dos mais jovens. Quem, por exemplo, sabe o que as crianças pensam quando veem televisão? Nós jamais descobriremos que semente é semeada desta forma na alma das crianças, mas o fotógrafo Wolfram Hahn fotografou os rostos de crianças de quatro a seis anos diante da televisão, e o resultado é aterrador. Encolhidas e como que paralisadas as crianças se sentam diante do aparelho de televisão, com olhares vazios e rostos sem expressão. Elas parecem enfeitiçadas, mas ao mesmo tempo apáticas, ausentes, sem participação, como se a gente tivesse desligado sua inteligência, seu sentimento, todo o seu ser.

Estas fotos falam de meu sentimento diante de um afastamento da realidade. Nós observamos este distanciamento todos os dias – quando a filha aparece à mesa do jantar com os fones de ouvido, quando o filho durante todo o dia não sai mais da frente do computador, quando jovens (e adultos) interrompem abruptamente uma conversa, porque o celular tem prioridade –, porém, este afastamento não nos é mostrado frequentemente e de forma tão drástica como um apoderamento por meio de uma força maior do que nestas fotos. Parece que nossos filhos estão à deriva em uma segunda realidade, que serve às suas fantasias de onipotência ou agrada aos seus desejos agressivos e à qual eles em todo caso estão entregues sem defesa, enquanto a realidade cotidiana assume cada vez mais o aspecto de um mundo oposto, cansativo ou insignificante. Adicionado a isto, há ainda o terror da moda e das tendências, que já começa na escola, e ainda também a influência da propaganda, que ensina até mesmo aos pequenos que existe sempre alguma coisa a melhorar na própria aparência e na imagem pessoal. Eu não me admiraria se os pais e mães se resignassem diante desta concorrência. A educação em seu sentido natural tornou-se então um projeto sem esperança?

Eu não acredito nisso. Eu creio que a educação assim como antes é possível, sob *uma* condição: a de que os pais consigam construir uma relação com seus filhos que seja mais forte do que são as influências externas. Este não é nenhum desejo religioso. Consideremos apenas que uma pessoa jovem, em tudo que ela faz, está constantemente à procura de sua identidade. Ela investe tudo em tornar-se a pessoa a qual está determinada por suas aptidões, interesses e esperanças. Para isto ela precisa pertencer a um grupo que seja do mesmo nível e ao mesmo tempo superior. E ela vai se juntar ao grupo que lhe ofereça não apenas reconhecimento, mas também a perspectiva de experiência do qual ela se sinta parte e possa ao mesmo tempo desenvolver o sentimento de sua individualidade. Esta pessoa então aprenderá as regras deste grupo, aceitará sua ética e se identificará com ele. Um grupo assim teria de ser formado pela família. E gerar um sentimento de grupo deste tipo é, segundo minha opinião, a primeira e a mais importante tarefa que se propõe aos pais.

E eu estou seguro de que isto será conseguido se duas condições forem satisfeitas. A primeira seria a de que os pais sejam a todo o momento a pessoa de contato de seus filhos, mesmo na difícil fase da adolescência; que eles estejam fundamentalmente atentos às perguntas e às preocupações de seus filhos. Parece que isto é bastante difícil para os pais alemães. Uma pesquisa do Unicef revelou que principalmente os jovens alemães se queixam de não terem a atenção de seus pais. Mais da metade dos jovens de quinze anos de idade afirma que seus pais quase não têm tempo de conversar com eles; com isso a Alemanha ocupa o último lugar nesta pesquisa – atrás dos Estados Unidos da América. E a outra condição seria a de que os pais se ajustem o menos possível aos seus filhos. Esta condição também é válida para os chefes em relação ao restante dos membros do grupo que ele chefia. Os pais não devem deixar nenhuma dúvida a respeito das regras que são importantes na família, e eles têm de fazer com que elas sejam respeitadas. Quem observa regras claras e encontra tempo para seus filhos, pode estar certo de ser respeitado por eles – e, além disso, evita as eternas discussões nas quais os filhos envolvem seus pais, quando descobrem que estes cederão mais cedo ou mais tarde. Com outras palavras: pais e filhos deveriam estar sempre em um mútuo e contínuo diálogo existencial.

A este respeito, eu me recordo do exemplo de um amigo romano, que é médico. Seus dois filhos tornaram-se jovens excelentes, e sua relação com eles é amigável e respeitosa. Perguntado sobre como conseguiu isto, ele respondeu: "Quando meu filho terminou o Segundo Grau eu viajei de carro com ele durante dois meses pela Austrália. Apenas ele e eu. Durante esta viagem meu filho descobriu o que significa ser pai, e para mim também se tornou claro o que significa ser filho. Meu segundo filho não gosta muito de aventuras, mas é muito interessado em cultura, então eu viajei com ele durante um mês pela Espanha. E também nesta viagem aprendemos muito um com outro e sobre o outro". Este homem conseguiu ser convincente como pai. E ele obteve e manteve esta credibilidade porque sua educação não se reduziu a uma banal satisfação de desejos, ao suborno por meio de constantes concessões, à complacência diante das exigências de seus filhos. Ao contrário, ele lhes ofereceu seu tempo e atenção, e por este motivo estava em condições de lhes dar alguma coisa muito mais infinita e preciosa, ou seja, a orientação – aquilo que os jovens nessa idade mais precisam, aquilo que eles mais intensamente exigem. Viajar junto é ideal para isto, porque é sempre um teste da competência para a vida. Durante a viagem as atitudes e as experiências do pai têm de se afirmar a cada dia, e em função disso o filho entende cada vez melhor por que seu pai defende esta ou aquela postura. A isto se soma também o fato de que a gente se leva mutuamente a sério, que também o filho se sente respeitado por seu pai. Uma experiência muito preciosa. Porque, de um lado, com isto o filho se percebe como igual, e, como resultado, o respeito ao pai se transforma para ele em autorrespeito. E por outro lado o respeito do filho pelo pai crescerá tantas vezes quantas este filho perceber o quanto este pai sempre ainda está à frente em experiência, conhecimento e competência de vida – os filhos se tornam atenciosos quando têm a impressão de poder aproveitar destas vantagens no próximo momento ou aprender com elas para toda a sua vida. Um pai assim é em todo caso uma autoridade, que também consegue se impor ao espírito do tempo e à mídia; pelo menos seus filhos o escutarão quando ele lhes aconselhar algo.

Eu já disse que eu só consigo imaginar a educação em nossa época como um ato de resistência consciente. Com este exemplo, o porquê desta afirmação deve ter sido esclarecido. Porque educação significa ajudar uma criança a encontrar a si mesma, e porque, no mundo de consumo global e da mídia, forças poderosas trabalham exatamente para evitar isto. A propaganda, da mesma forma que as estratégias de mercado, a cultura de massa e naturalmente também a sempre acessível pornografia têm como objetivo tornar as crianças dependentes e quebrar sua resistência! Mas o ser humano é um ser que primeiro precisa crescer em diversos aspectos, tem de se fortalecer e amadurecer tanto na área intelectual como espiritual. Os pais têm a responsabilidade de não deixar que este processo de desenvolvimento desmorone sob o ataque midiático, por isto acho que eles têm acima de todas as outras três importantes missões: apoiar seus filhos na busca por sua identidade, incentivar sua independência progressiva e colocar os fundamentos de um orgulho moral, que fará deles pessoas livres.

Identidade, independência, liberdade – eu sei que em nossos tempos isto não é natural, por isto é importante ver os objetivos principais da educação. Muito mais difundida é a ideia de que a educação teria de desempenhar a função de ser em primeira linha uma contribuição preparatória para a felicidade posterior de nossos filhos. Eu considero isto um engano, propagado pelos contestadores de 1968, que declararam o benefício do prazer como o mais alto objetivo da existência, e que a partir de então é milhões de vezes repetido pela propaganda, que nos quer fazer acreditar que a felicidade e a satisfação seriam reduzidas a causas simples e dirigíveis, ou seja, calculáveis. A felicidade na vida não pode ser produzida. É intocável, indefinida, é quase como se aparecesse de repente – talvez como resultado de qualidade de vida e inteligência de vida, com certeza também como consequência de qualidades humanas, mas, por último, ela é sempre um presente. Por este motivo a gente não pode ter a felicidade na vida em vista quando se pensa em educação, pode somente criar as condições para que os jovens sigam suas vidas autoconscientes e com coragem. É por isto que eu continuo afirmando que a educação deveria ter a autonomia, a liberdade, como meta. Portanto, a arte de liderar consiste, neste caso, em se afastar de si mesmo. Isto significa: Da mesma forma que todo bom treinador, os pais também têm de trabalhar para se tornarem desnecessários e não indispensáveis.

Esta educação para a autonomia, porém, só será bem-sucedida se ajudarmos de maneira totalmente consciente nossos filhos a desenvolver uma identidade forte, aquilo que eu entendo como o núcleo do ser, ou seja, o que torna uma pessoa inconfundível, e que a partir daí também determina seu amor-próprio. Como é possível ter uma identidade forte? Em primeiro lugar, a identidade nada mais é do que um conglomerado de predisposições e experiências que cresce a cada dia da vida. Para que este conglomerado tome forma, uma criança precisa de uma pessoa que lhe dê a sensação de ter valor, de poder contar consigo mesma porque é forte. Portanto, uma pessoa jovem tem de vivenciar em sua educação antes de tudo a confirmação de seus pais, que estejam sempre dispostos a elogiar e a reconhecer, que se for o caso também possam criticar e repreender, pois o elogio de uma mãe, que a seguir deixa de expressar uma crítica necessária, em algum momento deixa de ter valor. Os pais têm de reagir aos seus filhos; certamente não o tempo todo, com certeza não com comentários constantes, mas sempre que houver alguma coisa para discutir. O reconhecimento e a crítica atestam uma criança em sua identidade, e com o tempo ela descobre esta identidade não mais como um conglomerado casual, mas como alguma coisa importante, única e preciosa. É deste sentimento de autoestima que com o tempo se alimenta sua consciência da própria dignidade, e esta por sua vez concede à pessoa uma certa independência da aprovação de seu ambiente, mas antes de tudo a imuniza contra a oferta local de uma indústria da consciência que oferece identidades pré-produzidas.

Se a educação trata de autonomia e identidade, então a negligência e o cuidado exagerado são dois métodos educacionais que se proíbem por si mesmos – são aqueles extremos abordados no início deste capítulo. Os dois conduziriam a uma educação para a falta de autonomia, pois os pais que deixam seus filhos por conta de si mesmos negam-lhes a orientação e sabotam seu desenvolvimento espiritual. E pais que exageram com seus cuidados, que querem manter longe de seus filhos qualquer abalo, qualquer frustração, qualquer decepção, os prendem a eles e atuam contra sua autonomia. O certo é que as crianças precisam tanto da liberdade quanto da atenção, e a arte de uma liderança inteligente na educação consiste exatamente em encontrar o equilíbrio entre a liberdade, que a gente tem a obrigação de dar aos nossos filhos, e a atenção, que eles também necessitam.

As crianças precisam de liberdade – por quê? Porque senão elas crescerão e se tornarão pessoas sem autonomia, desamparadas e medrosas. Elas precisam aprender desde pequenas a lidar com os problemas com suas próprias forças. E para isto elas precisam acumular experiências próprias, precisam cair, constatar que o chão é sujo e levantar outra vez, precisam testar sua coragem, descobrir até onde suas forças chegam e que a curiosidade vale a pena; elas têm, dito de forma breve, de desenvolver uma confiança em suas capacidades e com isto uma confiança fundamental para a vida. Portanto, a educação não deve de forma alguma significar colocar seus filhos sob vigilância constante, tratá-los como se fossem ovos, cuja casca pode se quebrar, e de rodeá-los com um cuidado ao qual eles não podem se opor. A gente não faz nenhum favor às crianças ao segurá-las como se fossem chumaços de algodão. Eu mesmo descobri, depois de adulto, como a pessoa se desabrocha, quando é exposta à verdadeira vida. Após minha primeira estadia em Roma meu antecessor em Santa Otília me perguntou se eu não havia tido medo no trânsito caótico de Roma. "Não, padre abade primaz", respondi sorrindo. "No trânsito de Roma eu reencontrei a autoconsciência que me haviam quebrado no noviciado".

Eu diria até mesmo que à liberdade que a gente tem a obrigação de dar aos filhos também pertence o direito de enfrentar a própria adversidade. É claro que isto é difícil de suportar. Isto significa não proteger seu filho diante de qualquer perigo e, além disso, continuar sempre a intervir em sua vida, quando nada mais se consegue com motivos razoáveis. Mas eu penso que o respeito pela liberdade precisa ir tão longe, que a gente também possa ver quando alguma coisa, na escola, por exemplo, não dá certo. A gente não deve privar os jovens do conhecimento do risco da liberdade e da vivência, de que o próprio comportamento sempre tem consequências. Por isso como educador eu tenho de me livrar do impulso compulsivo de ter que evitar com todos os recursos tudo que segundo meu ponto de vista pode não terminar bem. As experiências com a própria tolice ou malícia também são experiências valiosas. Por este motivo as crianças precisam de pais que não se intrometam, que possam lhes deixar em paz.

Eu acentuo isto porque em nossos dias presenciamos exatamente o contrário. Um medo irracional assola os pais, um medo de literalmente tudo, de alimentos não saudáveis, de brinquedos inseguros e de semelhantes imprevisíveis. Então os vizinhos se transformam em sequestradores potenciais ou estupradores, e mesmo os professores precisam contar com o fato de que podem ser acusados de abuso sexual simplesmente porque abraçaram uma criança para consolá-la. Muitos pais já não pesam mais os riscos, não refletem mais sobre o que pode ser confiado ou exigido de seus filhos e, algo que já seria muito perigoso, muitos pais aceitam *a priori* as piores possibilidades e tentam excluir todo risco apenas pensável. Isto tem um efeito fatal sobre as crianças. Todo espaço lúdico lhes é tomado, todo movimento de liberdade é tolhido; elas se transformam em prisioneiros na própria casa, vigiados por seus pais o tempo todo. Porém, o pior de tudo é que estes pais transmitem o sinal de que a gente não pode mais confiar em ninguém, de que este mundo está repleto de demônios. De onde afinal pode então uma criança tirar sua coragem de vida?

Não, as crianças precisam de liberdade. No entanto, esta liberdade nada tem a ver com negligência. Ela não desobriga os pais de seu empenho constante por sua prole. A atenção e o cuidado são os complementos necessários para a liberdade, porque as crianças não podem chegar sozinhas e por si mesmas a sua melhor forma. Elas precisam de uma orientação para a vida. E, antes de tudo, elas precisam de pessoas em cuja orientação confiem, ou seja, de adultos, que lhes imponham respeito, que lhes impressionem, que combinem segurança e persistência com bondade e firmeza de caráter. Em resumo, adultos com autoridade. Quem não possui nenhuma autoridade não serve para ser modelo – com adultos deste tipo as crianças não podem permanentemente principiar nada, pois para com estes elas ainda têm piedade, no melhor dos casos, e no pior desprezo, mesmo que se trate da própria mãe. Apenas a autoridade gera confiança, e por este motivo hoje a educação depende das qualidades de liderança. Da mesma maneira que na área da gerência se exige dos pais força de realização, capacidade de motivar e também de impor metas. E como os líderes na área da economia, os pais têm de transmitir sempre aos seus filhos que aquilo que fazem agora vale a pena, que eles creem nisto, e que por isto se deve seguir adiante. É nesta emissão de autossegurança e capacidade de vida que penso, antes de tudo, quando falo da função de exemplo dos pais.

Um dos enganos de consequências mais severas do pensamento regente em 1968 foi a ideia de que a autoridade geraria fundamentalmente medo ou limitação. Um engano de graves consequências, porque desde então muitos pais tomaram outro caminho para ganhar a confiança de seus filhos, e procuram isto com indulgência. Isto não pode dar certo. Porque os pais que se ajustam confundem narcisismo com amor. Eles querem ter com seus filhos uma relação sentimental sem distúrbios, querem comprar o amor imediato de seus filhos por meio de uma contínua concessão; portanto, eles pensam menos em seus filhos do que em si mesmos. No entanto, as crianças não se envolvem com este tipo de procedimento. Elas agem por conta própria, e na maioria das vezes usam o poder, que ganharam sobre os seus pais, para chegarem ao seu objetivo pelo caminho mais cômodo. Isto faz com que elas não desenvolvam nenhuma força de resistência, não descubram nunca como uma vitória difícil é doce, com que não aprendam a se confrontar de verdade com a realidade. São exatamente estes os pais que pensam, que podem se transformar em pais cruéis, por dar aos seus filhos a experiência necessária. O verdadeiro amor, pelo contrário, objetiva fazer de uma criança um ser capaz de enfrentar a vida. É neste efeito que se identifica o amor paterno. Não em tolerância cega.

É aqui, segundo eu penso, que os pais recebem uma responsabilidade importante. Porque para eles é habitualmente mais fácil do que para as mães oferecer aos seus filhos a necessária fonte de atrito, incentivar-lhes ou mostrar-lhes limites, e os filhos vivenciam exatamente na natural medição de forças com seus pais um desafio para sua força de vontade e poder de resistência. Eu não acho com isto que os pais devam permanecer em seu antigo papel e mantenham uma distância de seus filhos, que está associada a este papel; pelo contrário, gostaria de encorajá-los a se ocuparem tanto quanto possível de seus filhos. Pais que brincam com seus filhos não precisam se preocupar com sua autoridade – ela é respeitada por si mesma, pois é exatamente na atenção e no cuidado que uma criança vivencia a autoridade do pai. De qualquer modo, os pais que procuram a proximidade de seus filhos também os incentivam de maneira bem diferente do que as mães. Por este motivo é um erro acreditar que a educação seria um assunto de competência exclusiva das mães, e é um problema para as crianças que são educadas por mães solteiras, que elas nunca experimentem a resistência normal dos pais. As crianças precisam absolutamente de ambos os pais; ao pai compete o papel daquele que lhes exige alguma coisa para que eles descubram suas capacidades.

A este respeito eu me recordo da história de um jovem pastor evangélico. Quando os médicos lhe diagnosticaram um câncer, seu bispo não o transferiu para um posto que lhe teria permitido poupar suas forças; pelo contrário, ele o enviou para a região amazônica. Este bispo queria o melhor para ele, e lá não era nenhum lugar tranquilo, mas sim a linha de frente, porque ele como canceroso ainda tinha apenas alguns poucos anos para viver. O jovem então vivenciou sob as severas condições de vida de uma missão no Amazonas tantas coisas grandiosas, que ao fim de sua vida ele agradeceu expressamente ao seu bispo por esta decisão. Transportado para a educação, isto significa que aquele que ama realmente seu filho procurará abrir um caminho de vida para ele que tem de enriquecê-lo. Não no sentido de uma indefinida sorte na vida ou do sucesso material, mas tendo em vista que ele esteja preparado para a vida com todos os seus altos e baixos.

15
É suficiente representar a fada boa?
Aquilo que devemos aos nossos filhos

Abade primaz Notker Wolf

"Meu filho de três anos é tão doce, que eu não consigo lhe recusar nada", disse-me uma mulher com um sorriso tão feliz, que eu não pude ter dúvidas da sinceridade de suas palavras. "Eu estou contente, porque pelo menos suas educadoras no jardim de infância podem dizer não. Eu não consigo fazer isto."

Aparentemente ela vê a educação como crueldade psicológica. Como uma tarefa para estranhos, que podem realizar facilmente algo assim tão cruel. Suas palavras quase queriam dizer isto. Em todo caso, ela parecia sentir a educação como uma imposição – não só a si mesma como também ao seu filho, porque todo *não* custaria a harmonia emocional entre mãe e filho e perturbaria a relação afetuosa com seu filho. Esta mulher faz parte daquela categoria de mães que querem se realizar com o sentimento de felicidade que seus filhos lhes provocam, e que por isto se limitam a representar o papel de fada bondosa. Como boas fadas elas nunca precisam lhes dizer não. Como fadas do bem elas são exclusivamente responsáveis pela satisfação dos desejos. Certamente, estas mães também têm em vista a felicidade de seus filhos quando os colocam nos jardinzinhos paradisíacos, nos quais eles sempre têm sua vontade satisfeita. Mas é suficiente não querer magoar sua filha ou seu filho?

Outro exemplo: Um pai, totalmente amoroso, totalmente compreensivo, nega aos seus filhos sua opinião pessoal em todas as importantes questões da vida. Ele quer que eles saibam apenas das verdades objetivas; as experiências pessoais não contam. Por isto ele os deixa confusos sobre suas opiniões a respeito da política e da religião, e seus filhos, neste meio-tempo já por volta dos vinte anos de idade, não sabem, até hoje, qual o seu ponto de vista. Ele se comporta deste modo por cuidado em não tutelar seus filhos. Ele quer evitar qualquer manipulação. Ele crê que abusa de sua autoridade quando deixa perceber aquilo que ele mesmo acredita. Seus filhos devem enfrentar a vida da maneira mais imparcial possível e de preferência compor sozinhos sua imagem do mundo a partir de experiências próprias. Mas será um benefício não entender o próprio pai?

Tão diferentes como estes casos possam ser, eles têm, como eu penso, algo em comum. Em ambos o amor dos pais se associa à convicção de que no fundo a educação é igual a uma violação. Tanto a mãe do menino de três anos quanto o pai do segundo exemplo acreditam que uma identidade até certo ponto elementar, e por este motivo saudável, forma-se para seus filhos totalmente por si mesma, e que quanto menor a influência que exercerem sobre este processo, quanto menos se intrometerem, melhor. Dito com outras palavras: Os dois fazem um mau uso de sua própria autoridade e reduzem seus papéis como educadores – segundo sua visão – a um mínimo não prejudicial. E talvez acreditem até mesmo que desta forma estejam sendo mais justos com suas responsabilidades materna e paterna do que se levassem seus filhos pela mão.

Eu não acredito nisto. Mas eu entendo suas considerações. Eu bem sei o quanto se tornou difícil acreditar na própria autoridade. Todos os padrões e princípios foram declarados como arbitrariedade nos tempos da revolta antiautoritária, e todo aquele que invocasse normas e regras se colocava sob a suspeita de que na realidade só queria saborear seu impulso de poder. Insistir em princípios se tornou imoral de uma hora para outra, e os pais quase já não estavam mais em posição de decidir por si mesmos entre arbitrariedade e medidas educacionais responsáveis. Qualquer invocação de princípios poderia desde então ser entendida como medida de repressão, e, como poucos pais querem se colocar sob esta suspeita, eles preferem desistir de sua autoridade. A questão é apenas se as crianças têm algum benefício com isto.

Neste contexto, é com prazer que eu menciono um acontecimento ocorrido há muitos anos. Naquela época, como diácono, eu dirigia um centro recreacional em Tirol. Os participantes tinham quinze, dezesseis anos de idade e jamais haviam estado nas montanhas. Um dia nós nos decidimos subir uma montanha na manhã seguinte. No entanto, no dia seguinte, os jovens acharam nosso projeto muito cansativo e protestaram. Eu insisti no passeio. Descrevi-lhes o panorama maravilhoso – e mesmo assim ainda tive de forçá-los a subir. No entanto, quanto mais alto nós chegávamos, mais baixas se tornavam as reclamações. Ou seja, valeu a pena. Valeu a pena ter lhes exigido este grau de autossuperação. Valeu a pena para os jovens, porque eles agora se enriqueceram com uma experiência inesquecível. E eu também lucrei, porque eu vivenciei como uma autoridade boa e amigável é por fim aceita pelos jovens.

Isto não é surpreendente. Porque apenas aquele que confia em sua autoridade e a investe pode desencadear alguma coisa nos jovens. Pode lhes transmitir descobertas consigo mesmos que eles jamais fariam, pode lhes oferecer possibilidades e chances, e lhes abrir caminhos que de outra maneira lhes permaneceriam fechados, pode até mesmo lhes ajudar no triunfo da autossuperação. No entanto, a gente não pode cometer o erro de confundir autoridade com ser autoritário. Seria autoritário exigir obediência cega. Porém, uma coisa bastante diferente é, com confiança em sua autoridade, fazer métodos educacionais plausíveis, gerar atitudes e atentar de forma consequente que uma criança se atenha às regras e aos pactos. Autoritário seria prescrever o caminho. Mas quem educa com autoridade determina os espaços em que uma criança pode desabrochar. No caso ideal este espaço é grande o bastante para lhe dar segurança e proteção. Eu penso, portanto, que nada melhor pode acontecer a uma criança do que pais que refletem sobre sua autoridade.

E agora, de volta às mães, que se entendem como fadas bondosas para seus filhos: Toda criança tem de aprender que nem sempre as coisas são como elas desejam. Esta é a pequena regra básica da vida. Toda criança tem de fazer a descoberta, de que nem todos os desejos são satisfeitos, mesmo quando são possíveis de serem satisfeitos. O retardamento da satisfação é um elemento essencial da educação. Desta maneira, uma pessoa jovem aprende, por exemplo, que a renúncia tem de ser considerada – e que a renúncia assim como a satisfação sempre fazem parte da escolha. Apenas aquele que compreendeu isto é livre em suas decisões. Caso contrário... Bem, a gente já sabe o resultado disto em outras épocas. Houve um tempo em que eram as avós que permitiam tudo aos seus netos, porque elas tinham uma relação puramente sentimental com eles. Na maioria dos casos nos quais as avós tomam conta da educação temos então crianças incapacitadas para a vida, que não suportam nenhuma recusa, que ficam enraivecidas diante da menor divergência e desistem. A gente desenvolve uma personalidade autônoma por meio de atrito, não por meio de mimos.

Algumas vezes eu quase tenho de rir quando vejo como as crianças hoje "viram a mesa". Antigamente os pais puniam a desobediência de seus filhos com a subtração do amor, mas, neste meio-tempo, as crianças entenderam muito bem como dobrar seus pais da mesma maneira. As fadas boas quase não conseguem suportar o desamor, mesmo que temporariamente. O problema é que hoje a relação entre pais e filhos é tratada muito ou totalmente no nível dos sentimentos. Já não se trata mais absolutamente do futuro de uma criança, trata-se na verdade de experiências momentâneas de felicidade, de narcisismo, e da incapacidade de tolerar conflitos e de suportar tensões. A condescendência, que lê qualquer desejo nos olhos do filho, para satisfazê-lo imediatamente também não visa mais o bem-estar da criança. Esta é aqui apenas um meio para atingir um fim, e seus desejos são satisfeitos para acalmar a consciência dos pais, e para se livrar da própria responsabilidade da maneira mais simples e rápida. Qualquer descontentamento da criança é sentido como insuportável; até mesmo o fingido, mesmo o descontentamento empregado de forma estratégica, tudo provoca uma compaixão desmedida. A gente consola o filho para consolar a si mesmo, o mantém de bom humor para manter a si próprio de bom humor, o defende porque acha que tem de defender a si mesmo. Em uma educação deste gênero foi banido qualquer pensamento na criança como um ser independente.

Alexandre, quatorze anos de idade, foi o resultado de uma educação deste tipo. Ele bebe, conforme me contou sua mãe, mata aulas, roubou dinheiro para comprar bebida, e perambula pelas ruas todas as noites com a sua turma. Uma vez ela teve de pegá-lo no hospital, para onde o levaram bêbado. Ela estava perplexa. Ela acreditara que ser condescendente com os filhos fosse o primeiro mandamento do amor dos pais. Por este motivo eu não fiquei surpreso em descobrir que seu filho não possuía qualquer autoconsciência. Como ele deveria ter se desenvolvido com esta educação? A autoconsciência cresce com as dificuldades que alguém supera – o que se torna claro para todos no esporte, ao escalar, por exemplo, em que não se trata de um alto desempenho, mas antes de esforço e da alegria final de ter conseguido. Mas o caminho da menor resistência conduz muitas vezes ao álcool. É claro que não vai ser fácil conduzir um adolescente de quatorze anos como Alexandre ao caminho certo. A gente precisará conversar com ele, precisa lhe deixar claro que se trata dele, que ele destrói sua vida. A gente precisará criar para ele novos objetivos educacionais e novos desafios aceitáveis. Ele necessitará de um forte controle e de ser acompanhado pacientemente antes que ele desenvolva um mínimo de autodisciplina. E seus pais terão de refletir sobre uma estratégia clara, como o treinador de um atleta esportivo. Mas será que eles chegarão em geral ao reconhecimento de que até agora seu estilo de educação estava errado? Em nenhuma outra área é mais difícil admitir erros...

Uma experiência bem diferente viveu um pai com o filho de onze anos depois que este frequentou um internato católico. Apesar de pertencer a uma boa família, o jovem se destacara no Ensino Fundamental como um brigão sem limites. Porém, a partir de seu ingresso no internato, foi como se ele tivesse se transformado em outra pessoa. "De repente ele se tornou gentil", contou-me seu pai. "Eu conversei com ele sobre isto e então ele logo me deu sua explicação, dizendo: 'Aqui existem regras que são válidas para todos, e os professores cuidam para que todos as cumpram. Desse modo agora eu não preciso mais me defender'. Desde então ele nunca mais esteve envolvido em uma pancadaria."

Realmente é muito simples. A gente precisa apenas ter entendido uma única vez que a liberdade não significa a ausência de regras; pelo contrário, baseia-se nas regras. Quando jovem a gente precisa ter experimentado, apenas uma vez, ter vivenciado no próprio corpo que uma disciplina sensata, uma estrutura identificável, realmente ajuda alguém a lidar com sua própria vida.

E com isto eu gostaria de voltar ao pai, que tão temerosamente se acautelava para não tutelar seus filhos. Eu acho bom que ele tenha um respeito assim com a liberdade de seus filhos. Porém, ele não sabe que as crianças também precisam de uma identidade cultural, que elas precisam desenvolver e aprender critérios para a avaliação de seu mundo, absorver pontos de vista pessoais. Muito embora este pai tenha entendido como oferecer segurança a seus filhos, intelectualmente eles estavam desamparados. Nada, nenhuma ideia, nenhuma visão do mundo, nenhuma atitude de vida, deveria lhes ser infundida enquanto eles não estivessem em posição de considerar os prós e os contras. Por causa de sua preocupação em não influenciá-los, ele manteve seus filhos distantes também de tudo que tivesse alguma coisa em comum com a fé ou a religião – sua escolha a favor ou contra a fé eles deveriam fazer mais tarde, segundo sua opinião própria. Este pai também acreditava que isto era um preceito da liberdade que ele devia a seus filhos.

Deparo com este tipo de pais cada vez com maior frequência. Pais que acham que devem se limitar ao papel de intermediários neutros. Muitos deles, por exemplo, não batizam seus filhos, para que eles mais tarde possam se decidir livremente a favor ou contra uma religião, pró ou contra a Igreja. O problema é apenas que eles partem de uma ideia totalmente errada da religião. Porque a religião não é nenhum assunto puramente intelectual, nenhum sistema de aprendizado abstrato, cuja vantagem ou desvantagem poderia ser refletida como uma decisão de compra. A religião não deve ser esclarecida, ela deve se afirmar na vida, e por isto uma pessoa jovem precisa crescer dentro dela. Deve vivenciar uma paróquia, o canto coletivo, a prece em conjunto, o crescimento da alma no momento da comoção profunda. Em resumo: O jovem precisa primeiro adquirir uma identidade religiosa, e isto só ocorre quando ele se expõe à influência desta religião. Isto não interfere de modo algum na liberdade de uma criança, pois apesar disto ela pode mais tarde decidir-se a ser contra. No entanto, antes disto ela precisa geralmente se familiarizar primeiro com aquilo que depende de escolha.

E se o pai de nosso exemplo fosse um fã entusiasmado de futebol? Ele então teria dito a seu filho: "Eu vou ao estádio, mas você fica em casa, até que tenha idade bastante para se decidir a favor ou contra ser fascinado por futebol. Com dezoito anos você pode escolher se gosta de futebol ou não?" Provavelmente não, porque um comportamento deste vai totalmente além da realidade da vida. Para que as crianças gostem de alguma coisa um pai precisa contagiar seus filhos com seu entusiasmo, e se ele não faz nenhum segredo de sua paixão uma criança cresce naturalmente no mundo vital de seu pai. Se o pai renuncia a isto, então outros assumirão a identidade cultural de seus filhos. Alguma influência acontecerá de qualquer maneira, e não existe aqui muito para decidir: A cultura é destino tão pouco desejado ou escolhido como a própria pele.

Afinal, como é possível ter uma visão tão inexpressiva da cultura? Aparentemente, muitos homens hoje em dia temem ser ao mesmo tempo pais e modelos para seus filhos. Eles não têm atualmente a coragem de assumir a responsabilidade pela identidade cultural de seus filhos. De preferência eles se refugiam na ideia de que aconteceria com a cultura o mesmo que com uma oferta de produto, que a gente escolhe segundo a vontade e na convicção de que as crianças precisam saber melhor qual entre todas estas ofertas de opiniões e convicções é a melhor para elas. É claro que isto é errado. Pois a cultura é composta de valores vivenciados, e sua transmissão depende de modelos. Mas então eu me pergunto: Onde as crianças podem encontrar modelos que possam querer o melhor para elas que o pai ou a mãe? Onde podem encontrar exemplos, com os quais possam entrar minuciosamente em conflito, mas nos quais ao mesmo tempo possam confiar? Ou seja, por que os pais deixariam a influência cultural de seus filhos por conta de outras pessoas ou outras forças? Talvez porque no fim, ao menos, tenham a esperança de serem inocentados por sua parcela de culpa em seus destinos.

Não, os pais devem ter a coragem de também transmitir aos seus filhos aquilo que eles próprios julgam certo e importante. Eles são responsáveis por impedir que seus filhos cresçam em um vácuo. Por este motivo eu também sou de opinião que os fundamentos de uma identidade sólida só podem ser colocados pela família, e em nenhum outro lugar, nem em uma creche, nem na escola – mesmo que estas duas instituições sejam naturalmente muito importantes. Porém, apenas as crianças que vivenciam sua influência decisiva através da família veem sua própria história de vida como parte de uma história maior, e apenas elas descobrem sua identidade como variante de uma duradoura e abrangente identidade, que em caso favorável lhes dá direito ao orgulho e as conduz à autoestima. O enraizamento em uma cultura familiar, com seus pequenos rituais cotidianos, suas tradições mantidas contra a tendência da falta de história, suas estruturas, que demonstram significativamente seu lugar fixo na rotina diária, representa um papel importante para a identidade. Se este enraizamento não existe, as crianças também não podem esperar nenhuma orientação de seus pais. Eu sei que a família é muito depreciada como refúgio de todo o mal e como incubadora de todas as neuroses. Eu acho isto um desastre – aliás, da mesma forma que o triunfo de um feminismo que ridiculariza as mães como o *Grilo da lareira*[2] ou como a fêmea parida. A partir de minha perspectiva mais romana, o que se mostra antes de tudo nestes julgamentos é o antigo hábito alemão de exagerar.

Além disso, eu acho que aqui também existe a influência da ideia de que um mundo bom tem de ser um mundo de harmonia total. Esta não é uma perspectiva realista. As tensões são sinais da dinâmica atuante, elas não precisam ser eliminadas com receitas radicais, mas sim suportadas e tornadas frutíferas. Não haveria nenhum ganho se o casamento e a família se tornassem vítimas de ilusões românticas. A promiscuidade não pode ser nenhum ideal social. Por este motivo, mais uma vez nós devemos deixar claro que o casamento é muito mais do que um fenômeno jurídico. A união satisfaz a um objetivo lógico dentro da cultura de uma sociedade porque, por um lado, com a união são aceitas determinadas obrigações, e, por outro, na união e na família virtudes primárias como sinceridade, fidelidade, responsabilidade e reconciliação são diariamente vividas e recordadas. Estas virtudes não são fáceis de se definir e também não são absolutamente transmissíveis teoricamente, elas também não podem ser adquiridas e controladas como a pontualidade ou a higiene – elas têm de ser descobertas no exemplo dos pais. Portanto, a gente sempre tem de refletir como a união poderia ser configurada de forma mais rica, mais afetuosa, mais

---

2. Título do romance de Charles Dickens [N.T.].

humana. Porém, não seria solução colocá-la como disposição ou desvalorizá-la, ao chamar de união tudo aquilo que de algum modo é caracterizado como parceria.

Quando eu defendo o retorno ao modelo da família, tenho em vista uma coisa muito importante: a refeição comum de filhos e pais. A refeição à mesa familiar é o ritual central da vida familiar, de mais alto valor simbólico, expressão do sentimento comum, protótipo da experiência comunal. À mesa do almoço ou do jantar a família toma forma, e, ainda mais do que as férias familiares, a refeição comum incentiva o sentimento de ligação de todos os membros da família. Além disso, à mesa as crianças aprendem a ter consideração pelo outro. Portanto, quando os pais dizem: "Meu filho pode comer o que ele quer, há sempre alguma coisa na geladeira", quando eu ouço que as crianças precisam providenciar seu café da manhã, na lanchonete a caminho da escola, então eu posso fazer uma imagem do quanto a desagregação da família já avançou. Por isto eu gostaria de lembrar que se rouba das crianças experiências fundamentais quando se deixa que elas se alimentem sozinhas. Não se trata apenas de que estas crianças não vivenciem mais sua família como comunidade, a consciência da sacralidade do alimento também se perde quando a refeição se degenera a um procedimento banal de saciação. E esta perda tem consequências maiores. Nas crianças que se alimentam sozinhas é quase impossível surgir aquele sentimento de gratidão que representa uma condição fundamental para uma vida feliz, pois quem está acostumado simplesmente a se dirigir à geladeira ou rápido à lanchonete, assim que sente fome, não se sentirá mais como quem recebeu um presente.

Em qualquer lugar do mundo a comida significa mais do que encher o estômago. Em todas as culturas da Terra ela é uma vivência na qual se associa o respeito pelo outro com a reverência diante das boas dádivas que chegam à mesa. Nós beneditinos também concedemos à refeição em comum um grande significado. Não somente à comunhão uns com os outros, a comunhão com Deus também tem seu papel, quando todos nós no refeitório do convento nos reunimos e permanecemos de pé diante de nossos lugares até que a prece de agradecimento tenha terminado. Durante a refeição é então muito importante dar aos alimentos a mesma importância que é concedida aos comensais, para em caso de necessidade passar-lhes a garrafa de vinho ou a travessa de carne, e ao finalizar agradecer a Deus em coro mais uma vez. Até mesmo o refeitório vazio da Abadia de Santo Anselmo, com suas longas mesas para mais de cem pessoas, já me impressiona todas as vezes que o penetro. Estas mesas compridas evocam em mim a ideia do banquete no céu, que Jesus usou como imagem da salvação eterna. Permitamos aos nossos filhos esta prova do céu. Preservemos a tradição da refeição comum à mesa familiar. Não nos esqueçamos de que afinal toda cultura depende desta experiência comum.

16
Despertar o interesse adormecido

Liderar pessoas nas salas de aula

Abade primaz Notker Wolf

Na época em que eu ensinei Filosofia em Santo Anselmo nós professores tínhamos com nossos alunos uma relação semelhante à que Aristóteles teve com seus discípulos na Antiguidade. Naquela época nós tínhamos um contato próximo uns com os outros, e muitas vezes um grande número de estudantes ainda se sentava em meu quarto até bem tarde para discutir comigo sobre Filosofia, sobre Deus e sobre o mundo. Como professor, naquela época a gente era algo como o pai espiritual de seus alunos. E até então a gente podia até mesmo se permitir ser tolerante.

Eu me lembro de um estudante da Ucrânia, que deveria ir para a América do Sul para dar aulas – mas, do jeito que as coisas andavam, existiam dúvidas se ele em geral conseguiria concluir seu estudo. Um dia seu trabalho de licenciatura me foi apresentado, e ao lê-lo eu percebi que cada um dos três capítulos apresentava um estilo de linguagem diferente. Então fui à biblioteca e comecei a procurar. O primeiro capítulo eu encontrei na revista jesuíta *Civiltà Cattolica*. O segundo se apresentou como contribuição do existencialista francês Gabriel Marcel na *Revue Philosophique de Louvain*. Eu não consegui determinar o autor do terceiro, provavelmente se tratava de um autor ucraniano; em todo caso, também esta parte de seu trabalho não era de sua própria autoria. Outro dia eu chamei este estudante e lhe expliquei: "Escute, isto eu não posso deixar passar de modo algum. Isto é plágio. Mas eu sei que você está com problemas. Sabe de uma coisa? Reescreva tudo mais uma vez com as tuas próprias palavras para que eu veja que você digeriu a matéria". Ele fez isto – e passou no exame com grande esforço.

Anos mais tarde, já como abade primaz, fui convidado para uma festa dos brasileiros que tinham sua comunidade no Monte Aventino, bem perto de Santo Anselmo. Eu fui até lá, e qual não foi minha surpresa ao ver este estudante ucraniano vir ao meu encontro. Neste meio-tempo ele chegara a Geral dos brasileiros! "Se você soubesse o serviço que me prestou naquela ocasião", ele me disse. "Você estava totalmente certo. Eu aprendi uma grande lição. E hoje eu sou responsável pelos meus irmãos de Ordem desde a Ucrânia até o Brasil..."

A humanidade, segundo minha experiência na época de minha própria atividade como professor, tem um papel enorme na relação entre professores e alunos. A humanidade e as qualidades humanas do professor. Da mesma maneira que a arte de liderar pessoas em uma empresa consiste muito menos em oprimir os subalternos com trabalho e impeli-los a altos desempenhos, na área escolar esta arte consiste menos ainda em sobrecarregar os estudantes com o uso de estratégias didáticas e com informações para que eles sejam bem-sucedidos na próxima prova. Nem os empregados, nem os estudantes funcionam ao pressionar de um botão. Eles não são robôs. Os colaboradores reagem a um clima desumano de trabalho em sua firma com resistência constante, com a execução das tarefas segundo as diretivas ou com a desistência interior. Os estudantes simplesmente não se entusiasmam ou sabotam a aula quando o professor não consegue criar uma atmosfera humana na classe. Ambos, chefes e professores, somente conseguem então alguma coisa quando harmonizam seu pessoal para um projeto comum, quando sabem ganhá-los para um objetivo comum, ou seja, quando são capazes de integrar, motivar e estimular. Com outras palavras: Os dois apenas terão sucesso quando – e apenas quando – conseguirem um fundamento humano na relação com aqueles que lhes são confiados.

Por isto eu acho que a gente pode em primeiro lugar esperar de um professor que ele se relacione com seus alunos basicamente com benevolência. Os professores precisam ter amor pelos jovens. Isto não é nenhum sentimentalismo, nenhum desejo romântico. Eu quero apresentar três razões para isto. A primeira: como professores nós trabalhamos sem poder prever o resultado de nosso trabalho. Depois de um a dois anos didáticos, em raríssimos casos, a gente toma conhecimento a respeito do sucesso provável do aprendizado, se os próprios esforços foram bem-sucedidos, sobre o que foi feito realmente deste ou daquele aluno. O exemplo de meu estudante ucraniano relatado no início deste capítulo mostra que tipo de surpresa a gente pode vivenciar aqui. Tudo é possível. Por isto a gente não deve desistir de ninguém, não rotular ninguém como um caso sem esperança. A gente deve conceder a todo estudante um crédito de confiança em suas capacidades, e isto continuadamente, mesmo depois de fracassos repetidos. Não apenas porque a gente nunca pode avaliar com toda segurança tudo que existe em uma pessoa jovem e se esta, apesar de tudo, em algum momento superará suas dificuldades, mas também para evitar que uma criança perca a fé em si mesma – o que seria o pior erro pedagógico que um professor poderia cometer. É possível que o próprio aluno estrague suas chances de sucesso, mas jamais deve acontecer que um professor desista de um aluno. Portanto, como professor a gente precisa ter bastante perseverança, paciência e humanitarismo, e isto só será conseguido por aquele que amar seus alunos.

O segundo motivo: é muito bom para as crianças experimentar benevolência, sentir que um adulto quer o melhor para elas. Elas trabalharão com prazer na sala de aula quando perceberem o quanto seu professor se importa com cada uma delas. E elas confiarão nele se ele estiver acima de qualquer suspeita, de se deixar guiar por simpatias por uns e ressentimentos por outros. Na escola não se trata somente de desempenho, de notas e de perspectivas profissionais, mas sim também de experiências humanas que podem ter influência sobre a vida inteira – e um professor íntegro e justo é um modelo que permanece preso à lembrança. Entre os meus próprios professores houve um, que era terrivelmente desagradável. Porém, quando ele deixou a escola, nós tivemos de admitir que este homem havia sido justo como professor. Ele incorporou para nós a justiça. É certo que os estudantes, já no cotidiano da escola, tiram um proveito infindável de um professor com quem podem se sentir seguros, de que ele quer incentivar a todos na mesma medida, apoiar e encorajar. Se em adição a isto se associarem qualidades totalmente pessoais e humanas, ainda melhor. Eu acredito que este querer bem, que se estende a todos os alunos de uma classe, este respeito, que leva todos em consideração em seu desejo de atenção e reconhecimento – também seria quase impossível para um professor que não sinta nenhuma afeição por pessoas jovens.

E a terceira razão: na escola se trata muito menos de inculcar a matéria do que despertar o interesse pelo mundo adormecido em cada criança. Portanto, um professor deveria levar seus alunos a descobrir sua curiosidade individual. A curiosidade está no início de toda filosofia e de toda ciência. Eu mesmo, quando estudante e mais tarde também como abade, dei aulas de reforço e aceitei com muito prazer os casos "sem esperança". Minha ambição aqui sempre foi despertar-lhes a curiosidade sobre o assunto e transmitir-lhes contentamento com o esforço – na convicção de que cada tarefa resolvida é um passo à frente em direção a um amor-próprio fundamentado. Ensinar deveria ser um processo holístico, pois de outro modo seria adestramento e treinamento para um objetivo de existência banal. No entanto, ver o homem desta maneira como um todo, repito, só será possível àqueles professores que gostam fundamentalmente de seus alunos.

Visto desta forma, o fato de que a pessoa do professor representa um papel decisivo para a qualidade da educação, não deveria absolutamente ser questionado. Em todo caso, em minha opinião a personalidade diferencia um bom professor de um funcionário do sistema educacional. O problema, apenas, é que nossos políticos da educação têm outra opinião. De preferência, eles excluiriam por decreto o valor da personalidade na área pedagógica. Nossos representantes do povo desconfiam do povo e dos professores. É tido como verdadeiro que o homem abusa de sua autoridade, tão logo esta lhe é concedida. Então, o mais seguro é manter os professores sob o controle dos planos de aula sobrecarregados e do catecismo das teorias didáticas que são válidas no momento. Nada de admitir que os métodos de ensino tradicionais também não eram maus! Para falar apenas da proibição absurda da narrativa! Afinal, a gente não pode despertar o interesse dos estudantes de forma mais rápida e duradoura do que por meio da narrativa – isto à exceção de que as capacidades linguísticas dos estudantes se formam principalmente a partir da fala do professor narrador. Meu conselho aos professores é que tomem a liberdade de desenvolver suas aulas da maneira mais diversificada possível, combinem formas de aulas centralizadas no professor com aulas centralizadas nos alunos, projetos de trabalho com inserções narrativas e utilizem diversas mídias, estabeleçam a relação entre teoria e prática, mostrem como o assunto em estudo se associa à vida. Em outras palavras: Não se deixem transformar em escravos da didática imperante. Não se rendam à pressão dos ideólogos que há décadas procuram desativar o fator humano na educação, que fazem do professor um técnico da transmissão do conhecimento e querem reduzir seu papel ao de um fornecedor de impulsos. A prática mostra que os alunos se entusiasmam quando um professor não só transmite a matéria, mas também ao mesmo tempo convence, por meio de sua personalidade, que tem um estilo próprio, que é um bom narrador, que também pode informar alguma coisa no campo das ciências naturais ou que pode falar sobre a história da ciência, que é soberano e tem autoridade, que está bem informado sobre muita coisa e que talvez até mesmo disponha de humor e autoironia.

Quando alguns professores hoje em dia se rendem diante dos desafios de sua profissão, isto muitas vezes se deve menos ao fato de que não estejam à altura de suas tarefas pedagógicas próprias ou que sejam maus profissionais. Em vez disto, isto acontece porque a escola atualmente tem de pagar pelas falhas dos pais e também pelos erros dos políticos. Os primeiros empurram cada vez mais responsabilidade educacional para a escola; no entanto, em situações de conflito, rejeitam o apoio ao professor, assumem incondicionalmente o partido de seus filhos e possivelmente ameaçam com um advogado. Os outros subordinam a escola aos seus objetivos político-sociais e comprometem a educação e os ideais educacionais em nome da igualdade social. A soberania de um professor sob estas circunstâncias ainda está sujeita a ataques bem diferentes daqueles que sofre um chefe na área econômica. Quando a gente define a soberania como a capacidade de equilíbrio interior entre distância e engajamento, então a gente pode imaginar a prova de esforço que um professor tem de suportar quando, por um lado, espera-se dele um engajamento pedagógico especial, e por outro tenha de preservar com dificuldade a necessária distância diante do número crescente de alunos difíceis, indisciplinados e que também não querem aprender. Como pode um professor, apesar disso, evitar ficar irritado no cotidiano de uma escola?

O professor é naturalmente impotente contra a manipulação dos políticos, mas sua influência é maior em sala de aula, quando ele mesmo se coloca como modelo daquilo que espera de seus alunos. Isto começa com a sua aparência. Quem acredita ter de seguir com sua indumentária a tendência da cultura jovem e de imitar a apresentação de seus alunos está se acomodando, e a acomodação é interpretada imediatamente pelos jovens como falta de autoestima. Eles estão certos.

Violar a fronteira entre a esfera do professor e a dos alunos se chama, a propósito, antiautoritário engajamento de fachada. Além disso, um professor deveria ser um modelo de gentileza, de respeito e de autocontrole. Ele não pode se sentir atacado. Ele não pode se deixar provocar com observações pessoais ou irônicas, ele não pode principalmente se deixar impelir a reações irritadas. Não importa quanto uma resposta seja insolente, quanto uma observação seja inconveniente, quanto uma crítica seja atrevida – um professor deve responder com a gentileza respeitosa que o outro deixa a desejar. Uma resposta tranquila e fundamentada objetivamente quase sempre produz um efeito milagroso. Quem retifica as coisas com determinação amigável, que explica as necessidades e aquilo que ele exige com entonação objetiva, também enfraquecerá os argumentos do maior perturbador da paz – e criará uma atmosfera, na qual os conflitos podem ser solucionados em harmonia. Eu sou grato a um professor veterano, que demonstrava uma autoridade tranquila, por um belo exemplo do que acabei de expor.

"Eu lecionava a primeira aula do dia", disse ele, "e eu via a cada semana que a metade dos alunos chegava atrasada. Alguns chegavam meia hora após o início da aula. Eu conversei com a classe sobre isto. Curiosamente, mesmo aqueles que notadamente chegavam atrasados, foram a favor de sanções. Um deles sugeriu que eu elaborasse uma lista – quem se atrasasse três vezes teria de trazer um bolo. Eu concordei, mas isto não mudou nada. Eles entregavam seus bolos, mas continuavam chegando tarde para a aula. Eu voltei a falar no assunto mais uma vez, e então foi feita a sugestão de simplesmente trancar a porta da sala depois do início da aula. Mais uma vez todos estavam a favor, sem exceção. Então nós fizemos isto de fato. Todos os dias, um pouco depois das oito, eu trancava a porta, e, veja só, agora todos são pontuais".

Estou seguro de que a escalação de conflitos em sala de aula se deixa evitar, e até de que muitos conflitos nem mesmo surgirão se a gente como professor alcançar realmente o diálogo com seus alunos desde o começo. É claro que os professores estão sobrecarregados por ter de recuperar toda a educação que foi perdida na casa paterna. Mas eles podem dar um exemplo de maneiras de tratamento civilizadas e de uma atmosfera respeitosa de debate construtivo, cujo efeito não será esquecido com o tempo. Mas, quando nada adianta, as sanções são aceitáveis. Acontece que alguns, sem a ameaça de punições, não veem nenhum motivo para seguir uma regra, e o fracasso individual não pode prejudicar a comunidade como um todo. Por isso os professores devem ter a autoridade e as possibilidades legais de exigir obediência e, se necessário, de punir – sem consideração à atmosfera da classe, sem medo da reação dos pais e de correr o risco de que um diretor, que a cada repreensão teme pela reputação da escola, não apoie sua atuação.

Afinal, é tarefa do professor exigir desempenho. Por dois motivos. Primeiro, as crianças têm de aprender que o processo de desenvolvimento individual ou em conjunto não é tudo, mas que o resultado é o que conta no final. E, segundo, porque se trata, como já foi dito, do sentimento de autoestima dos alunos e da experiência gratificante de se tornar cada vez mais inteligente e de ter acesso ao mundo por meio do conhecimento. Principalmente as crianças talentosas precisam ser incentivadas, pois de outro modo perdem o interesse na escola. Como abade primaz no Mosteiro de Santa Otília eu expus meus jovens monges inteligentes aos estudos mais exigentes para evitar que eles se entediassem. Principalmente para as pessoas jovens, que apresentam tudo de súbito, existe o perigo de fracassar quando não aprendem a tempo, que a dedicação precisa se unir ao talento. Uma burocracia cultural, que, após o choque provocado pelo resultado do Programa Internacional de Avaliação de Alunos (Pisa), de uma hora para a outra força o desempenho e soterra os estudantes com deveres de casa, parece-me, no entanto, estar no caminho errado. Unir o controle ao cérebro não ajuda, e a miséria em que se encontra o ensino não será remediada se estragarmos nos jovens a alegria do desempenho. O empenho e o lazer se associam porque a criatividade não se desenvolve sobre pressão. A gente também precisa poder ser ocioso, sem ter uma consciência pesada.

Em geral, os professores sabem disso. Entrementes, é a família, principalmente os pais, que colocam a si mesmos e aos seus filhos sob a pressão do sucesso e manejam o chicote do desempenho. "Não existe nenhuma reunião de pais e mestres", contou-me um professor, "em que pelo menos um dos pais não me acene com um folheto e me pergunte cheio de reprovação: 'Aqui, este é o mais novo método de ensino. Por que você não o segue?' E que não deixa ninguém duvidar, que ele quer ver resultados uma semana depois". Aparentemente o erro de pensar que se pode planejar tudo e que por isso tudo tem de ser planejado se incrementa gradativamente. A gente quer a garantia de sucesso – para a carreira escolar, para a carreira profissional, para a felicidade dos filhos. Então é preciso que existam programas, que se consulte livros de aconselhamento e que se peça a opinião de peritos. O saudável senso comum foi aposentado, cada um dá preferência a um outro procedimento e mal pode esperar os resultados. "Muitos pais, aliás, já não conseguem mais compreender que as crianças se desenvolvem devagar", disse-me este mesmo professor. "Eles esperam resultados rápidos para qualquer medida, contam com sucessos imediatos, e se estes não acontecem depois de um curto período de tempo, eles rejeitam o método usado até então e se voltam imediatamente para o próximo. Eles desconhecem que o desenvolvimento precisa de tempo."

Nós deveríamos analisar criticamente se também sob esta perspectiva não nos deixamos levar muito longe pelo espírito do tempo. Nosso mundo é modelado pela crença de que tudo poderia ser produzido tecnicamente, que a gente poderia acelerar qualquer processo de amadurecimento e não precisaria mais deixar que nada crescesse organicamente. Isto pode se aplicar aos tomates, mas não às pessoas. O desenvolvimento intelectual precisa de tempo. O crescimento mental precisa de tempo. Por isto, a gente não pode manipular a educação e a formação do mesmo modo que a maximização do lucro na economia ou na bolsa de valores. Caso contrário, estaremos ameaçados de não nos compreendermos mais como criação e imagem de Deus, mas apenas como rodinhas em uma engrenagem, como consumidores ou força de trabalho, como massa disponível para o Estado e o capital, como cobaias para a ciência ou matéria-prima para os cirurgiões plásticos. Nenhuma arte de liderança – seja na área da economia, da educação ou da escola – serve para alguma coisa se não for baseada no respeito pela individualidade e à dignidade humana que nos é confiada se não partir fundamentalmente do respeito diante da liberdade do outro e do direito ao próprio caminho de vida.

Uma palavra para finalizar: a Irmã Rosanna e eu chamamos a atenção na segunda parte deste livro para algumas coisas que nós vemos como desatino; falamos da crise da sociedade, da família e da educação. No entanto, nós não teríamos nos empenhado em mostrar saídas para estas crises se julgássemos que a situação não tivesse saída e todos os esforços para sua melhoria fossem infrutíferos. Não, nós estamos otimistas – principalmente porque em nossa idade já descobrimos que o desenvolvimento da sociedade também pode tomar outros rumos. Lembro-me, por exemplo, de nossa festa de formatura em Santa Otília. Nos anos de 1980 nenhum estudante lhe dava importância. Os formandos compareciam sem exceção usando *jeans* rasgados, e alguns nem mesmo vinham, porque eles achavam este tipo de comemoração uma tolice. Os que se recusavam a ir à festa ainda procuravam meu escritório para receber seu atestado de conclusão. E hoje? Hoje a participação já não é mais um problema. Todos querem participar, e de terno e gravata. Porém, não se trata aqui de um retorno resignado às formas ultrapassadas. Na verdade, os jovens já não se identificam mais com o comportamento rígido das gerações passadas, eles se movem espontaneamente com uma autoconsciência natural. Eles se veem hoje como uma mistura saudável de gentileza e apresentação honesta e livre, e traz alegria vê-los assim. Quando a Irmã Rosanna e eu falamos de crises, estamos sempre com a consciência de que a gente sempre pode fazer o melhor a partir delas.